原典纪书话译丛

书蠹乐趣

THE PLEASURES OF A BOOKWORM BY J.ROGERS REES

[英] J. 罗杰斯 · 里斯 / 著
陈　琳 / 译

化学工业出版社
·北 京·

图书在版编目（CIP）数据

书蠹乐趣 /（英）J·罗杰斯·里斯（J. Rogers Rees）著；陈琳译 .— 北京：化学工业出版社，2020.3

（原典纪书话译丛）

ISBN 978-7-122-36081-6

Ⅰ . ①书… Ⅱ . ① J… ②陈… Ⅲ . ①读书笔记 - 英国 - 现代 Ⅳ . ① G792

中国版本图书馆 CIP 数据核字（2020）第 030177 号

责任编辑：刘　晓　龚风光　　装帧设计：今亮后声 HOPESOUND pankouyugu@163.com

责任校对：宋　夏

出版发行：化学工业出版社（北京市东城区青年湖南街 13 号　邮政编码 100011）

印　　装：三河市航远印刷有限公司

889mm × 1194mm 1/32　印张 6$^{1}/_{4}$　字数 100 千字　2020 年 5 月北京第 1 版第 1 次印刷

购书咨询：010-64518888　　售后服务：010-64518899

网　　址：http://www.cip.com.cn

凡购买本书，如有缺损质量问题，本社销售中心负责调换。

定　价：58.00 元

目录 — Contents

THE PLEASURES OF A BOOKWORM

爱书者及逸事三五

01

“这是我的藏品”，已经成为众多收集狂认可藏品的一句话。简言之，就是用寥寥几便士、先令或英镑，买到一些与众不同又物超所值的书进行收藏，当然价格要比原价低得多。

如果某人带着由衷的喜悦对他的朋友说：“这是我的藏品。”那么对他而言，这句话无疑是自夸，夸自己有超出常人的知识和好运。它暗含的意思是：“你看，这本书正在促销，我知道它的价值，但卖书的人却不知道。因此我的知识就是我的优势，正是因为这样，我才能从卖书的人手中‘收藏’到我想要的书。”

1883 年 6 月，蒲提科（Puttick）和辛普森（Simpson）先生在一场名为“绘图火花珍奇藏品”的拍卖会上将一张不同寻常的清单进行拍卖，在那张清单中，列有原作者数不清的爱好，其中有一个不同于其他的爱好——藏书，特别是有关作家们之间友谊的书，是藏书者的最爱。

藏书必须既细致小心，又要明智慎重，花费不多，也不会给其他人带来麻烦，是一个“物美价廉”的爱好。

若某人全身心地投入到他的藏书中，即可称之为藏书狂。但若某人每天骑马都把自己弄伤，我们却不会将他称为爱马狂。你也从不会听说有人被他的藏书弄伤的事。

——罗斯金《芝麻与百合》（Ruskin's *Sesame and Lilies*）

书能给予人们知识，因此就利用空闲的时光而言，读书是一项低投入、高回报的投资。用书来填满空闲的时间令人愉悦兴奋，它让大脑维持健康的运转，让浑身血液温暖且自由流动。书里所包含的智慧、想象力与爱，能够引导人们积极向上，净化心灵。凭借对那些大作家如对英雄一般的崇拜之情，书利用共情的心理使人振奋，与作家共享经历和情感，为作家之间的友谊提供精神上的交流，这种友谊是外界因素永远无法阻碍和带走的。总而言之，于我来说，对书的热爱

罗斯金　著《芝麻与百合》

似乎永远都有着令人内心更加宽广的力量，并且图书总是用开放又真诚的教育和爱心充盈着人们的心房。这种教育也许会被大多数人误解和忽视，但从霍桑（Hawthorne）对其作品《人面巨石》（*The Great Stone Face*）的深厚感情来看，这种教育的影响与书中的主人公厄内斯特（Ernest）一样坚定不移。

拥有一本举世无双的书，在现实中不仅代表着比同一时期的其他人更加富有，更代表着拥有此书就能从庸众中脱颖而出，而这则成为这本书真正的价值。著名作家早期作品首版的价值，不仅体现在它囊括了作者思想最原始的表达，而这些最原始的表达会随着时间推移变得或圆滑或扭曲，在很多情况下甚至面目全非。首版的价值更多的在于，人们能够深入探索作者的灵魂，去感受他故事中的希望与恐惧、雄心与失意、渴望与成功。对于有眼光的收藏者来说，这些书描绘出了当时的环境，以及快乐或悲伤的心境，在这些因素的激发之下，这本书才能被作者构思、写作，最终出版。作家们的困难和愉悦也通过这些因素得以付梓从而公之于众。这些书又会为评论家和普通读者带来欢乐及其他感受。总之，与书有关的逸事最能引起真正爱书者的兴趣。因出版而损失或获得的钱财、处理版权的细节、名副其实的评论家关于本书的想法和出具的信件，这些都填补了爱书者对这本书了解的空缺。

然而，如果一本书是赠予某人或写了题词，那么这本书就承载了作者和另一位名人的友谊。作为友谊的证明，这本书的价值也就得以升华。除此之外，如果一本书上有大人物的亲笔签名，或其他一些证明大人物喜爱并读过这本书的证据，那么这本书的价值则会增长十倍。此时，这本书便能与黄金等身。

为了证明我上述所言，我要带大家看看我书桌上摆放的这八部作品。这八部作品本身没有多少固定价值，它们的价值取决于热爱书的读者们，但对我来说，这些书是无价之宝。

现在就让我们来看看第一本硬皮的八开本图书。封面上写着："英国艺术画廊。伦敦：'惠特克兄弟'（G. and W. B. Whittaker）印，玛利亚·莱恩街，1824 年。"在扉页上，有黑兹利特（Hazlitt）的签名，题写着："献给 J. 诺斯科特

（J. Northcote）[1] 先生，致以我对您的敬意。”这本书讲述了黑兹利特与著名画家诺斯科特之间的关系以及争论：

坎贝尔（Campbell）在《新月刊》（*The New Monthly Magazine*）做编辑期间，黑兹利特给该杂志写了一系列名为“博斯威尔复活”（*Boswell Redivivus*）的文章，据说这些文章里有黑兹利特和诺斯科特谈话的细节。而能够肯定的是，黑兹利特经常在这些文章中发表观点，却不说明这些观点是他自己提出的还是诺斯科特提出的。文章中偶尔还夹杂着一些讥讽在世名人的犀利辛辣言辞。例如他曾针对当时著名的“异议部长”马奇博士（Dr. Mudge），和乔舒亚·雷诺兹爵士（Sir Joshua Reynolds）的一位朋友发表过一些令人不快的言辞，在报道谈话中还将两人弄混了。就在这一系列文章的第六篇发表后，P.G. 帕特莫尔（P.G.Patmore）[2] 拜访了诺斯科特。他们谈话的内容和后续结果都记录在《吾友与相识》（*My Friends and*

---

[1] J. 诺斯科特（James Northcote，1746—1831），英国画家，著有《提香传，以及同代名人逸事》（*The Life of Titian：with anecdotes of the distinguished persons of his time*）等。

[2] P. G. 帕特莫尔（Peter George Patmore，1786—1855），英国作家、学者、记者、编辑。于 1841—1853 年任《新月刊》的编辑，并且以发表介绍古典绘画为主的“英国画廊”系列文章而知名于世。著有《吾友与相识》、喜剧《梅费尔的婚礼》（*Marriage in Mayfair*）等。

威廉·黑兹利特(William Hazlitt，1778—1830)，英国作家、文艺评论家、画家、哲学家。著有《莎剧人物》(*The Characters of Shakespeare's Plays*)、《论英国喜剧作家》(*Lectures on the English Comic Writers*)、《论伊丽莎白时代戏剧文学》(*Lectures on the Dramatic Literatures of the Age of Elizabeth*)等文艺评论，因可读性和敏锐的洞察性而深受世人称赞，代表作为《席间闲谈》(*Original Essays on Men and Manners*)；其散文内容丰富，结构明快，遣词造句新颖奇特，具有鲜明的个人风格，代表作有《直言者》(*The Plain Speaker*)、《札记与随笔》(*Sketches and Essays*)等，被誉为英国文学史上最有才华的散文作家之一。

Acquaintance）一书中。

“说实话，我很不舒服。”在我（P. G. 帕特莫尔）询问他身体状况时，诺斯科特这样回答我，“我觉得自己活不下去了，那个魔鬼简直要我的命。”

“这话是什么意思？”

“都是因为那个恶魔黑兹利特。你没有看到他在那该死的‘博斯威尔复活’里是怎样说我坏话吗？那些都是谎言！那些文章一发表，我就感觉自己快要死了。黑兹利特就是个混蛋！没有人比他更无耻了。你知道他将我和马奇卷入了怎样可怕的斗争中吗？不是我说他是怎样诋毁马奇的，即使是我说的，但谁会想到，世界上居然有这种人，像蛀虫一样蛀蚀我的心，还将我私下的话写成文章公之于众，就像我大声喊出自己的想法一样！世人会认为我们从他的背叛中获利，这样会杀了我的。我该怎么做？如果可能的话，我宁愿花一百英镑撤掉这些文章。但是现在这样做一点用都没有，全世界的人都已经知道了。”

“自从这些文章发表后，我没有一刻能休息。我写信给科尔伯恩（Colburn）先生，想让他帮我想想解决的办法。但他根本没注意到我的信，所以我亲自去拜访他。而科尔伯恩的仆人竟然不让我见他，只说他们会转达我要给科尔伯恩先生说的话。我让他们转告科尔伯恩先生，那件事可能会要了我的命。坎贝尔先生对我还比较礼貌，我给他写了一封信，就是这封！我给你看。他的回信让我很欣慰，他似乎对我的境况颇有触动。”诺斯科特讥讽地补充道，“无论如何，我不会让那个十恶不赦的歹徒黑兹利特的如意算盘得逞。”

之后，诺斯科特给我看了他写给坎贝尔先生的信，还有坎贝尔的回信。我想，我还从来没见过比这封信更令人惊讶的信了。这封信虽简短却拥有极其完美的结构，并将坎贝尔在这件事中濒临崩溃的状态描写得淋漓尽致，甚至泪水中都透着悲痛欲绝，而这些事都是那个十恶不赦的黑兹利特一手造成的。而且诺斯科特还将这件事看成黑兹利特故意要“将他这个白发苍苍的老人提前埋进土里”。我恰好还记得信里这些妙言妙语。整封信的目的就是要让坎贝尔认为，这件事对于诺斯科特来说就是平地惊雷。即使文章的内容有一些真实的部分（诺斯科特并不承认），但黑兹利特依然是这个世界上最背信弃义又折腾他人的人。

但是这所有的一切都要面对现实，那就是他抱怨的这篇文章已经是该系列的第六篇了，而且是发表在当时最畅销的文学杂志上。这些文章中包含了黑兹利特毕生所学，从这些文章刚开始发表，黑兹利特就几乎每天收获赞美之辞，因为他正将自己塑造成当时最引人注目的健谈之人。到目前为止，出现在“博斯威尔复活”中的大部分内容（至少关于诺斯科特的那一部分），都对许多在世的享有盛名的作家和艺术家进行了贬低。

当然，面对这些现实，我认为诺斯科特对于真相被揭露的感觉是“可笑的”。黑兹利特不想被人当作作家：因为他所揭露的每个在世的人物的真面目都让人难以置信，令他们受到强烈的打击和刺激（有时甚至就当着他们的面），还有他精辟又天真的语言风格，就像刚受启蒙的婴儿的语言，呈现出双刃剑般的效果。他比其他任何人都清楚这一点，并且引以为傲。

我记得坎贝尔给诺斯科特的回信，用的是一种异常关照贴心的语气。坎贝尔对诺斯科特情感上遭受的伤害深感遗憾，他努力将自己和这件事撇清关系，说自己业务繁忙不在城里，直到这些文章发表之后才知道这件事。坎贝尔还向诺斯科特保证，“在自己负责这本杂志期间，绝对不会再让混蛋黑兹利特在杂志上发表一个字。”这是他的原话。［这封信是在不久之前从一位二手书商那里买到的，根据珀西·菲茨杰拉德（Percy Fitzgerald）所说，这封信的内容与上述略有不同，是这样说的：“我再也不会允许混蛋黑兹利特给《新月刊》写文章了。”］

这些谈话的后续结果出人意料。在我们谈话之后不久，谈话的内容竟然以单行本的形式在同一家出版机构出版，依然是从相同的当事人（诺斯科特）处获得了大量有价值的细节。除了诺斯科特的一些私人事务之外，那些被他深恶痛绝的真相没有被隐藏，还征得了诺斯科特本人的同意。而且“混蛋黑兹利特”还像从前一样在坎贝尔手下给《新月刊》写文章。

下面让我们来看看另一本书的扉页上的内容。这本书曾经属于威廉·约翰逊·福克斯（William Johnson Fox），他是芬斯伯里教堂的牧师，也是奥尔德姆市的下议院议员。扉页上印着："威廉·艾勒里·钱宁演讲录（*Discourses by William Ellery Channing*），波士顿：查尔斯·博文（Charles Bowen）出版，1832 年。"第一页空白页上有作者手写的献辞："献给雷夫·W·J·福克斯（Rev. W. J. Fox），来自他的朋友威廉·艾勒里·钱宁（Wm. E. Channing）"。在这两个伟大的灵魂之间，存在着多么亲密深厚的友谊啊！他们各自都表达了对个人自由的渴望，这与政府部门所关注的那些琐事是多么不同。而增加这本书的趣味性和特殊价值的是，这本书在印刷中出现的九处错误，被钱宁用笔改正了过来。在巴克（Barker）和钱宁的百年纪念收藏版图书中也有几处这种手写勘误。

之后的三卷作品是《伯恩斯》（*Burns*），其作者为约翰·艾特肯·卡莱尔博士（Dr. John Aitken Carlyle），他是托马斯·卡莱尔（Thomas Carlyle）的兄弟，同时也是但丁（Dante）的翻译。

第一本《衣裳哲学》（*Sartor Resartus*）的作者卡莱尔在被授予法学博士时，曾为自己开脱说他有一个兄弟也是博士，如果两个卡莱尔都上了天堂的话，就要出麻烦了。

第二本《拜伦诗集》（*The Byron*）曾为小说家威廉·哈里森·安斯沃斯（William Harrison Ainsworth）所有，书中还有他留下的书签。

第三本是诗人拉马尔·布兰查德（Laman Blanchard）的抒情诗集，于1828年在老庞德街由威廉·哈里森·安斯沃斯出版，作者送了一本赠阅本给查尔斯·兰姆（Charles Lamb），并且书上有他本人的签名和给兰姆的题词。三个伟大的名字同时出现在这本薄薄的红书里，这多么令人兴奋！关于这本诗集，查尔斯·兰姆曾说过："我要将它放在我的诗歌宝库里。"罗伯特·布朗宁（Robert Browning）也说："我从坎伯威尔跑到邦德街（真的是跑，因为那时我还是个孩子），带回一本盛满了世界上最甜蜜最真诚之物的书。"

接下来，威廉·华兹华斯（William Wordsworth）的一本书又引起了我们的注意："《华兹华斯诗集》（*The Poetical Works of William Wordsworth*），一卷本。巴黎：A.W.加里尼

乔治·戈登·拜伦（George Gordon Byron，1788—1824），英国19世纪初期伟大的浪漫主义诗人，著有《恰尔德·哈洛尔德游记》（*Childe Harold's Pilgrimage*）、《唐璜》（*Don Juan*）等。

涅（A. W. Galignani）[1] 出版，薇薇安街 18 号，1828 年。”这本诗集曾属于诗人住在卡迪夫的一位朋友，上面也有诗人的签名。日期为“圣斯威逊节的前夜，1848 年”。华兹华斯因“詹姆斯·霍格（James Hogg）的死”即兴写的十行诗，就收录在这本诗集里，这十行诗临时起名为“耶罗再访”（*Yarrow Revisited*）。

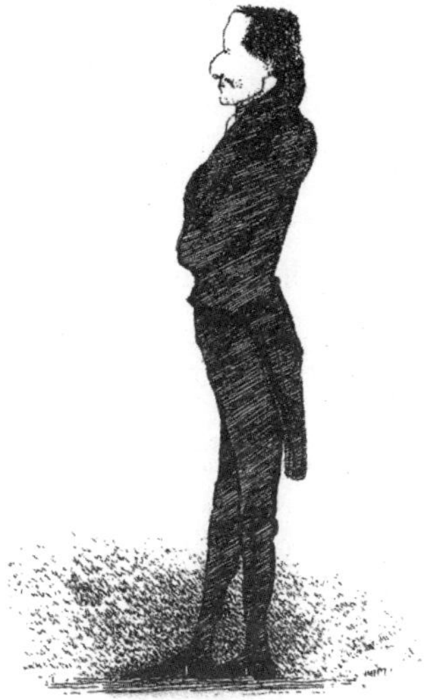

查尔斯·兰姆（Charles Lamb，1775—1834），与蒙田齐名的英国散文家。代表作有《莎士比亚戏剧故事集》（*Tales from Shake Speare*）、《伊利亚随笔》（*Essays of Elia*）、《纪念诗笺》（*Album Verses*）等。

S.C. 霍尔（S. C. Hall）在他的《回忆之书》（*Book of Memories*）中也提到过这部作品：“1831 年的某日清晨，

[1] 加里尼涅（Galignani），现位于法国巴黎里沃利大街的一家书店。该书店早在 16 世纪 20 年代，其创立加里尼涅家族就在威尼斯用刚发明不久的印刷机来印制书籍。18 世纪末，乔万尼·安东尼·加里尼涅（1757—1821）将书店迁往伦敦，1801 年又迁至巴黎的薇薇安街。英国大文豪如拜伦、华兹华斯、萨克雷等均将自己的作品托付其出版。如今这些书都是藏书家眼中的珍宝。

华兹华斯先生邀请我共进早餐，我们的话题自然而然就聊到了他‘不太受欢迎’上面。我可是华兹华斯先生最虔诚的崇拜者之一，于是想尽办法劝说他不要有这种令人沮丧的想法。为了让他相信我对他的作品是多么熟悉，我将一份由加里尼涅出版的作品放在他面前，以表格的形式整理出来，并都标上价格，这些我都能够得到。我说我相信这部作品每年在英国能卖出上百本，甚至上千本。于是，华兹华斯先生约我一起去书商那里询问。

詹姆斯·霍格（James Hogg，1770—1835），苏格兰诗人、小说家、散文家，人称“埃特里克牧羊人”。出身贫寒，靠牧羊为生，后自学成才。其作品中别具一格的叙述方式以及对人物心理的刻画，对后世许多英语作家产生了重要影响。著有小说《一个清白罪人忏悔录》（*The Private Memoirs and Confessions of a Justified Sinner*）、《神秘新娘》（*The Mysterious Bride*），及长诗《女王觉醒》（*The Queen's Wake*）等。

第二天，我便陪他去拜访了皮卡迪里的一家书商。这家公司有个鼓舞人心但却不祥的名字——‘生计与消费’。如同所有的英文再版书一样，华兹华斯的这部作品被‘严禁销售’。我想要加里尼涅的版本，便问能不能卖给我六本，店员说可以。我再问如果想买五十本呢，店员说一个月后等他通知。之后询问的几个问题让我们确信，单就这一家书店，一年内就卖出了二三百本华兹华斯的作品。我相信华兹华斯听到这个消息一定欣喜不已，虽然他并没有从中获利多少，但至少他的作品有很多人读。”

以上我们已经提到了艺术、神学和诗歌，接下来要说到政治了：《关于瑞士近期政治形势的七封信》（*Seven Letters on the Recent Politics of Switzerland*），作者为乔治·格罗特（George Grote），他也是《希腊历史》（*History of Greece*）的作者，1847 年由纽伯（Newby）先生出版。这同样也是一本赠阅本，有作者签名，承载着作者“最真诚的赞美和问候”。帕默斯顿爵士（Lord Palmerston）收到这本书后获得的快乐，可以从格罗特夫妇的生活逸事中窥见一二：

“这本书出版几个月后的某一日上午，纽伯先生收到帕默斯顿爵士私人秘书的信函，帕默斯顿爵士希望能获得一本《关于瑞士近期政治形势的七封信》。”

“我们已经没有剩余的书了，先生。”

“好吧，但是请您无论如何都要给我找一本。”

“为什么这么着急，先生？”

秘书回答说：“因为帕默斯顿爵士昨天在温莎城堡与阿尔伯特王子（Prince Albert）会面时，王子对瑞士的政治争端表现出不同寻常的热情，很快就问帕默斯顿爵士是否看过格罗特的那本书。爵士回答说没有看过。然后王子就说：‘你没有资格参与关于瑞士争端的讨论，回去祷告然后赶紧去看那本书吧。’”

我们再将目光移到另一本赠阅本上，上面也有作者的签名：《下议院发表的三项赞成扩大版权的发言》（*Three Speeches delivered in the House of Commons in favour of a measure for an Extension of Copyright*），作者为高级律师T.N. 塔尔福德（T. N. Talfourd），1840 年由莫克森（Moxon）先生出版。这本书被送给了下院议员威廉·尤尔特·格莱斯顿（William Ewart Gladstone）先生。这又是一段深厚的友谊，是关于著名的格莱斯顿家族的。T.N.塔尔福德是兰姆的朋友，也是一位传记作家。而莫克森先生则娶了兰姆的养女艾玛·伊索拉（Emma Isola）。

在这些发言稿当中，有一篇由许多著名作家联名撰写的请愿书——《对下议院赞成版权法案的请愿书》（*Petitions to the House of Commons in favour of the Copyright Bill*），作者包括华兹华斯、卡莱尔（Carlyle）和胡德（Hood）。从胡德的请愿书中附带的一条注释中，我们可以得知："这封请愿书被如此突然地提交到下议院，被人们认为非常可笑。但正是因为这封请愿书颇具智慧，才会在这里受到排挤。"然而，这的确是一个奇妙的组合。像这样的请愿书从来没有在国家威严的立法者面前呈出，而请愿书的每一句奇思妙语都给这个尚未决定的议案提供了丰富的灵感。

02

藏书家的经历往往使他们与各种奇怪的人产生紧密联系，并带领他们探索那些奇妙又不为人知的蹊径。我认识一个老牌二手书贩子，从他那里我常常能得到许多书的首印版，但他与周围人却格格不入。他的藏书是值得好好珍藏的当代小说家最好的作品。他曾经在街角开了一家自己的小书店，里面藏满了许多令人梦寐以求的书。但不好的事情都找上了他，最后他不得不关闭了书店。如今每天早晨，他都会带着报纸去拜访他的顾客，贩卖他赖以生存的书。

几天后，他又来推销书，这次他推销的是一本珍藏本，上帝才知道他是从哪里弄到的。他出现在我的办公室，头发花白，面容苍老，静静地拿出一本“小巧的金黑色藏书”放在我们面前，好像在说：瞧啊，这就是你们心里期盼已久的那本书。他了解他的买家，也知道他们的需求。但买家露出一副疑惑的表情，仿佛在说：你怎么知道我想要这个？他以一个得意的笑容作为回应，好像他是一个懂读心术的邋遢罪犯。

偶尔在午后看到他时，我感觉他就像一只大蜘蛛坐在他的那些宝贝书上。他的住所和储藏室在一所老房子的阁楼上，要走数不清的楼梯才能到，而楼下的房间则作为办公室出租。对我来说，这里是个多么理想的狩猎之地啊，尽管在狩猎结束之前会弄脏自己的手和衣服。在这里总能获得一大笔宝藏，付过钱之后就可以下楼了。但请朋友们不要这么急着离开，你可能已经下了十几阶楼梯到拐弯处了，但在这里你要停一下脚步。因为刚才卖给你书的人会出现在你上面的楼梯上，弯下腰朝你挥动手臂，用最神秘的语气向你保证，他宁愿将这些书卖给你，也不愿卖给其他想要这些书的人。

他会对你轻声说："因为我知道，你会像我一样爱惜这些书。"

不要怀疑，这些书一直都珍藏在他的藏书阁里。他的首次出价很有技巧，特别是对价格的暗示，能将售价从近乎赔本谈到连城之价。但我相信，从他的藏书阁楼中取出一本书带给他的悲伤和痛苦，与拔掉他的一颗牙一样疼。

下面我要写的弗兰克（Frank），是一个超爱买书的人。虽然他一年的收入从来没有超过两百英镑，但他竟然有办法，打造出一间自己的图书馆。他的妻子对他对书的痴迷深感同情与怜惜，从来不会因为他将钱花在书上而絮絮叨叨。然而，他自己有时却良心不安，总将近期花的钱林林总总全部记录下来，看看自己到底用了多少钱来买书。所以，当他又买新书，就会将书藏在背心或外套下面，直到他的书架上有了空隙，才偷偷将那本书放上去。

他的妻子偶尔会问："噢，弗兰克，这本书是什么时候买的？我以前怎么没有见过？"

弗兰克总是回答道："内莉（Nellie），你肯定搞错了，那本书放在家里已经有很久了。"

某日，我们正在谈论书和购书时，弗兰克对我说："你看，当我控制不住自己时就会买买买！我知道内莉会说我，但我真的没有把每个屋子都塞满书。但不知为何我偶尔会冒出一个念头，觉得我应该给房间添点什么，才能让内莉更舒服。

如果是这样，我买书就变得自私了。但最糟糕的是，我并不是一直都坚持这种想法。”

我可怜的目光短浅的朋友，他并没有意识到许多和睦的家庭所需要的，并不是买书所花的两百英镑！

弗兰克告诉我，某天下午他拿着一个装着书的包裹回家，那个自私的想法突然冒了出来，使他觉得没有脸面见自己的妻子，不敢回应妻子的迎接。于是，他接下来的行为就像从作案现场逃出来的小偷，而不是回到自己家的正常人。

弗兰克说：“我把包裹藏在了窗台的外面，窗帘正好可以遮住它，这样屋里的人都看不见。之后我去敲门，欢快地笑着等内莉将我迎进屋里。很快我就找到一个机会打开窗户，将包裹拿了进来，小心地将它放在一边，等待时机再拆开，把书摆在合适的书架上。”

这位朋友一定是疯了，就让我们把他当作第三个藏书狂吧。

如果只是读二手书书目，是没有什么实质的乐趣的。

利·亨特（Leigh Hunt）[1]曾真诚又温柔地说过：

书目并非门外汉以为的那样，仅仅是图书清单或图书的销售清单。即便是一个普通拍卖者的私有财产清单，对喜爱钻研一切知识的人而言都意味着千种知识的回响，然后让他们产生幻想——有了这份图目之后会发生什么改变。这些看得见的和看不见的书名，仿佛连成了一圈，绕着地球旋转。地理学家、传记作家、历史学家，爱、恨、悲、喜，美食、科学、时尚，还有永恒！通常，我们查看一份新的二手书目时，都会怀着无比的热情，用喜爱的乳白色文件夹收藏好。在用早茶时，不，在用晚餐时读一本，并把十几本书列在那份书目里，从购买这些书的纯粹幻想中脱离出来，因为这是不可能的！

---

[1] 利·亨特（Leigh Hunt，1784—1859），英国新闻记者、散文作家、诗人兼政论家。1808年创办《考察者》周刊（*Examiner*），因主张废除奴隶买卖、改革议会等进步主张，和因言论攻击摄政王储而下狱，被公众视为当时的英雄。其与济慈、雪莱的交游留下许多文坛佳话。曾与拜伦在意大利共事，后交恶，著有攻击拜伦的《拜伦及其同时代诸君》（*Lord Byron and Some of His Contemporaries*），诗集《里米尼的故事》（*The Story of Rimini*），《自传》（*Autobiography*），散文集《男人、女人、书籍》（*Men, Women, and Books*）等。

在书目的印刷中会出现错误真是令人惊讶万分。如果发生了这样的事，我想那些逝去的作者们会在坟墓转身，怒对那些亵渎他们的日报。就在不久之前，一家日报刊登了如下的广告：“洛德·培根的《新大西洋》（Lord Bacon's *New Atlantic*）一书，有J. A. 圣约翰（J. A. St. John）的题词，于1852年出版。”“海伦·普伦特里的《基督和基督徒》（Helen Plumtre's *Christ and Christendom*，波义耳1866年讲座），于1867年出版。”“W. C. 普林斯的《我去钓鱼》（W. C. Prince's *I Go a Fishing*）于1873年出版。”这个名单还可以任意扩展。

经验丰富的藏书家可以很快将珍贵的书目和廉价的书目区分开，尽管我不能完全否定某些书商的做法，但他们获得的财富还不到那些书真正价值的十分之一，甚至二十分之一。当然，回应那些买书咨询的话，不可避免的是“我们很后悔”等。而一个纯粹的爱书者是不会在乎发行图书的机构是否有名的。这本书需要放在属于它的书架上，而且必须如此。一般而言，这才是一位小心谨慎的藏书家的正常状态。这本书我必须拥有，无论它是便宜还是昂贵，反正最终我买到了。

在寻找图书时，首要目标是去寻找某些东西，比如去经常举办拍卖会的地方，阅览图书清单，查找旧书档案，还有搜索书柜。如果财力不够，就不要去收集埃尔塞维尔（Elzevir）❶和阿尔定版（Aldine）❷的图书，而是去收集像《皮埃蒙特的迈斯特尔·亚历克西斯教士的秘密》（*The Secretes of the Reverende Maister Alexis of Piemount*）这类的书。作者拥有的这本《皮埃蒙特的迈斯特尔·亚历克西斯教士的秘密》（1563—1568），上面有两则之前所有者手写的题词："亚历山大·琼斯（Alexander Jones）的书；上帝

---

❶ 埃尔塞维尔（Elzevir）是荷兰著名的书商、印刷、出版家族。1580 年，路易斯·埃尔塞维尔（Louis Elzevir，1546？—1617），定居荷兰莱顿，并用拉丁语、法语和荷兰语出版了 100 多种图书，使该市成为出版的中心。其孙艾萨克（Isaac，1596—1651）执业时，其家族开始印刷图书；但业务取得极大成功却始于博纳文图尔（Bonaventure，1583—1652）和亚伯拉罕（Abraham，1592—1652）承包大学图书印刷业务期间。二人于 1629 年推出的袖珍本拉丁文经典和法国文学作品系列，一直发行到 1665 年。其家族成员在海牙（约 1590—1665）、乌得勒支（约 1603—1675）和阿姆斯特丹（1638—1681）等地也设立了分支机构。16—18 世纪，埃尔塞维尔印刷出版的书几乎遍布欧洲大陆。1880 年，鹿特丹书商罗伯茨（Jacobus George Robbers，1838—1925）与其他合伙人沿用其名成立新的出版社"爱思唯尔出版公司"（Elsevier Publishing Company）。其社社标也沿袭了埃尔塞维尔的传统——被誉为"生命之树"的榆树下，立着一位象征智慧的学者，手抚隐喻"知识"的葡萄，他的右手边挂着标语"永不孤独"（Non solus）。

❷ 阿尔杜思·皮尔斯·马努提尔斯（Aldo Pio Manuzio，1452？—1515）于 1494 年与人合伙成立了阿尔定印刷工坊（Aldine Press），网罗了一批来自世界各地的学者，如史学家伊拉斯谟（Desiderius Erasmus）、诗人皮耶特罗·本博（Pietro Bembo）等协助参与编辑、翻译、校对。除了当时知名学者们的著作外，工坊还出版了大批希腊文、拉丁文、意大利文的经典著作。其书一改西方早期书籍字体粗大、难读，开本笨重的特点，请人专门设计字体、标点符号并将之雕刻制模，还创新使用了八开本和小八开本，以方便携带和阅读。工坊历经三代，传承百年，流传下来的六七百部书以内容上乘、编辑严谨、形式精美而受爱书人追捧，被誉为"阿尔定版"。

在天堂俯视着他，当他经过时钟声敲响，上帝向他的灵魂给予回馈。1789年9月9日。”第二则题词是：“哈利·罗（Harry Row），他的手和笔。上帝保佑国王乔治和他所有的子民。”

我向大家推荐几本：《牛津香肠》（*The Oxford Sausage*），第一版（1764）的古朴木刻版得以问世，这要归功于比威克（Bewick），尽管那时他还不到十一岁，在三年后才成为学徒；还有《人类生活经济学》（*The Economy of Human Life*）一书。这只是些推荐书目，可以根据个人的喜好和需求进行补充或替换。还有托马斯·戴维斯的《大卫·加里克回忆录》（Thomas Davies's *Memoirs of the Life of David Garrick*）两卷，由作者在1780年出版，大罗素街考温特花园的书店有售。如果该书保存得洁净完好，加里克的肖像没被玷污，书的尺寸也是原来的大小——宽五又八分之三英寸，长八又八分之三英寸[1]的话，也是值得收藏的。

[1] 1英寸等于2.54厘米。

03

爱书者的藏品各不相同，百花齐放。同一本书，即使只是书的开本大小不同都能令他们激动不已。现在，我的目光停留在书架上的某处，这本小书是多么耀眼夺目：《诗人的滑铁卢朝圣之旅》（*Poet's Pilgrimage to Waterloo*），作者为骚塞（Southey），与他哥哥的作品《罗德里克，最后的哥特》（*Roderick, the Last of the Goths*）齐名。还有摩尔（Moore）兄弟的《颂诗与书信》（*Odes and Epistles*）和《神圣联盟的寓言》（*Fables for the Holy Alliance*），都有很密切的联系。当然，一本书的价值，无论是其固有的还是后天获得的，都不可能取决于书的开本大小。即使是在阴冷潮湿的夜晚，仅仅是将自己收藏的宝贝分类归置，都让人感到欢欣愉悦。

也许在一周之内，有关吉卜赛人、威尔士人和神秘学的书都被“收藏”走了，并且被归类放在了适合的地方。若某地发生战乱，那么该地的藏书就要被迫转移至另一个安全的地方。但在图书馆这个安静的地方，我们必须一直压低声音，甚至对书都要轻声细语。因而人们渐渐明白了，为什么兰姆时常带着些许共情和怜惜，用轻吻的方式与自己最喜爱的书打招呼，表达自己对书的热爱；明白了为什么那些稀有的高贵灵魂，会如此宠溺这些陪伴自己度过最幸福时光的书。

在骚塞生命最后的时光里，他儿子的几句话，如穿透阴霾的万丈阳光。骚塞的儿子这样写道：

直至他生命的终结，他珍爱的书仍然是他快乐的源泉。在最后那几天，他还是会慢慢地走在他的藏书室里，欣赏这些书，用活动不便的手将书取下来。

华兹华斯也在拜访他的诗人朋友时发现："他像个孩子一样用两只手亲切地拍着他的书。"

THE PLEASURES OF A BOOKWORM

书和家：人间天堂一瞥

和睦的家庭系起了我所有的愿望和渴望，我要将和睦的家庭赠予我的书和朋友们。这就是幸福。

弗朗西斯科·迪·里奥哈
（Francesco Di Rioja）

01

家

我们没有理由讨厌夏季，夏季的每一天都是那么晴朗热烈，有时这种幸福快乐似乎会永不消逝。但对于爱书者而言，冬天才是属于他们的季节。潺潺溪水中的涟漪，新鲜干草的清香，山坡上清脆的羊铃声和玉米叶在微风中摇曳的沙沙声，在爱书者心中都是那么令人愉快。读者的歌声仿若低垂的窗帘和摇曳的烛光，又如柔和的灯光和徐徐的微风。在此情此景中，书就是爱书者的两个朋友：一个在艰难困苦中与爱书者分享静谧与安稳，另一个则在狂风暴雨中给予爱书者深情厚谊。

霍桑（Hawthorne）曾写过："青色的原木在炉子里噼里啪啦地响着，发出的耀眼火光照亮了屋子阴暗的角落。烟囱顶部吱吱作响，燃烧着的煤块掉入下方一堆高高的灰烬中。这就是我灵感最丰富的时刻。当窗扉在轻风中微响，当碎雪不住地敲击窗格，这时我就会取出我的草稿纸，看灵感和幻想在纸面上闪烁，如夜空中的星辰，又似五月的紫罗兰一般美妙。”

在文学作品中，一些最令人愉悦的画面，描述的就是那些著名作家被书环绕的情景。德·昆西（De Quincey）以他高深的英语散文造诣，为我们写下如此优美的文字：

“在山谷中建一栋小屋，远离尘世喧嚣……让高山成为三四千英尺[1]的真正高山。让小屋成为真正的小屋（像一个睿智的作家应该有的小屋），而不是‘二层小楼’。将它建成（我必须遵循实际）白色小屋，围绕在鲜花和灌木之中，让花朵满墙。从五月的玫瑰到茉莉，春、夏、初秋，窗前总是花团锦簇。

“而在冬季，小屋必须坚固如钢。每个人都能体会到严冬时坐在炉火边的温馨与快乐，关上百叶窗，温暖的壁炉挂毯，冒着热气的茶水，精美的茶具，窗帘如流水一般流泻在宽敞

[1] 1 英尺约等于 0.3 米。

纳撒尼尔·霍桑（Nathaniel Hawthorne，1804—1864），美国心理分析小说的开创者，也是美国文学史上首位短篇小说作家，被誉为美国19世纪最伟大的浪漫主义小说家。著有《七角阁楼》（*The House of the Seven Gables*）、《古宅青苔》（*Mosses from an Old Manse*）、《红字》（*The Scarlet Letter*）、《故事新编》（*Twice-Told Tales*）、《雪影》（*The Snow-Image*）等。

德·昆西（Thomas De Quincey，1785—1859），英国散文家、英国浪漫主义运动的主要文学批评家之一。著有《论〈麦克白〉剧中的敲门声》（*On the Knocking at the Gate in Mecbeth*）、《视为艺术的谋杀》（*Murder，Consided as One of The Fine Arts*）、《瘾君子的自白》（*The Confession of an English Opium Eater*）、《英国邮车》（*The English Mail-Coach*）、《圣女贞德》（*Joan of Arc*）等。

德·昆西的手稿

的地板上。虽然能听见风雨声，但没有：

门窗似乎在咆哮，

天地仿佛将坍塌，

逃生出口已无处可寻，

甜蜜何时能降临在我们避难的走道。

——《逍遥宫》（*Castle of Indolence*）

“……为了避免我过多不准确的语言描述造成困扰，我会请一位画家，给他讲清楚如何画我的房子。但画家们不喜欢白色的房子，除非有明媚的天气相映衬。因为读者们知道现在是冬日夜晚，所以画家只需要画出房子内部就好。

“画一间十七乘以十二英尺的房间，不要超过七点五英尺高。读者们能够在我家的客厅里为所欲为，但他需要付双倍的价钱，因为正确地说，这是一间图书馆。这里的书就是我的资产，使我比邻居们更为富有。这里有大约五千本书，是我从十八岁那年就开始陆续收集的。

“因此，画家，尽你所能描绘这间房间吧。我要书盈四壁，再请你帮我画上一束明亮的火焰，家具的颜色朴素静谧，让这小屋的风格与学者的谦逊相适宜。在火炉附近画一张小茶桌，再画两个茶杯和茶杯座（因为没有人会在这种暴风雨天气来拜访我）。如果你知道怎么画茶桌，用印象派或是其他什么风格，帮我画两个茶壶，它们会永远在那里——一个画在前面，另一个画在后面。我通常在早晨八点到下午四点之间喝茶。另外，我不喜欢泡茶或倒茶，所以请给我画一位年轻姑娘坐在茶桌旁。她的胳膊要像曙光女神奥罗拉（Aurora）一般纤细，笑容要像青春女神赫柏（Hebe）一样甜美。”

而罗伯特·布坎南（Robert Buchanan）也愉快地回忆了《噩梦隐修院》（*Nightmare Abbey*）的作者托马斯·洛夫·皮科克（Thomas Love Peacock）和他的图书馆：“他的图书馆里塞满了书，捧着这些书，给人一种奢侈的感觉，能让爱书者垂涎三尺。他整个人挤在一件老式西装里，西装紧得就像乔治·福克斯（George Fox）的皮衣一样。”

我们接下来要提到的另外两间图书馆，会让我们的心充满梦幻般的爱。对我来说，就像现在所写的，房间还是那些房间，书也都还在它们各自的位置望着我们，书的主人也安静满足地看着自己的书安放在各自“奢侈的书封里”。

第一间图书馆是“欢愉图书馆”，位于帕特尼的道格拉斯·杰罗德（Douglas Jerrold）的小屋中，所有的墙都堆满了书架，并且“书架与墙顶齐高”。

杰罗德（Jerrold）、查尔斯（Charles）和玛丽·考登·克拉克（Mary Cowden Clarke）在他们的《作家回忆录》（*Recollections of Writers*）里对这间图书馆也做出了一些正面的评价。他们说：“杰罗德虔诚地爱着他的书。他表示绝不会不尊重他的书，更不能忍受别人不尊重他的书。杰罗德告诉我们，他不喜欢看到自己的书被倒扣在桌上，或打开着，或被折角，或不小心被掉在地上。这些都让他非常心疼。他自己捧书的姿势异常小心谨慎，就像亲切的爱抚一般，以此感谢书带给他的快乐。

“‘在几年前，一个不富裕的人想要买一本书，是需要牺牲某些东西的。’杰罗德说话的语气就好像他知道这种情况一样。经常能在像我们这样的爱书者中看到这样一种人：

在他们还没有足够的钱买书时，他们希望自己看上的书能一直被精心保存着。杰罗德就是这样温柔地对待书的。他不在乎自己的华服，而是将边缘磨损和装订破旧的对开本古籍如珍宝一般紧紧地抱在怀里。”

我们要看的第二间藏书室，是塞缪尔·帕尔默（Samuel Palmer）的书房，被收录于美术协会出版的著名画家的自传中。塞缪尔的自传中有这样的描述：

“塞缪尔·帕尔默的书房在弗兹山上，那是一座小巧舒适的房子，只有少数得到塞缪尔首肯的人才能进去。房子的西面有一扇大落地窗，能看到利斯山……在房子的另一端有一个高大的架子，上面放满了石膏塑像、古代的宝石、石蜡雕像和各种流传很广的书。在房子的一角放着一把破旧的小提琴，已经许久没人碰了。多年前在宁静的肯特郡村庄，他曾经常演奏古老而优美的英国音乐。

“另一边有一个更高的书架，放满了各种各样的作品集。这些作品集大小不同，材料各异，完成度也参差不齐，但都是关于大自然的资源、风景以及图形的。在作品集下面的收纳柜里放的是关于英国和意大利风情的精致图书。在火炉两侧的架子上放着更多的书，当然还有一把舒适的椅子。这样就构成了一间完美的书房，不奢侈铺张，也没有肤浅的优雅。这是塞缪尔众多作品的诞生地，充满了美丽和诗意，令人不由地联想起同样美丽而诗意的文学世界。这里虽然没有呼啸的北风将荒原上的积雪吹散……塞缪尔·帕尔默会点上灯，拉开窗帘，'炉火就会再次燃起，诗人也会与这恶劣的天气相伴。'"

下面是塞缪尔的原话：

我是个真正的书蠹，爱书更甚于爱我的使命。希望我回去之后，一个月能有一天，可以完全沉浸在无忧无虑的阅读之中……就这样幸福已悄悄降临。在十二月某个阴暗森寒的日子里，那时候我们的梦想都无法飘出头顶的烟囱，只要有温暖的炉火、散落满书的舒适沙发，以及一位一起阅读的伙伴，把门锁起来，不让任何人打扰。下午一点时还应该来点零食，之后大家坐下来闲聊片刻，不要争论。闲聊只是为了促进消化，然后继续读书，直到下午茶时间，以《麦克白》（*Macbeth*），或《哈姆雷特》（*Hamlet*）和狂喜结束这一天！

在那些拥有“永不满足，勇于探索新事物的精神”的人看来，这些日常的温馨时刻至少有时是能够实现的。

荣耀和名声的美梦，像秋日枯黄的树叶般摇摆不定，轻轻一阵风吹来都能让它陨落消弭；但炉火边的东西还在，书还在。旧时光逝去，也许一些梦应该醒了，只剩下从书中萃取的人类狂热的信仰。虽然如此，但有梦想在，我们的灵魂就不会被摧毁。书流传了下来，对有思想的读者和爱书者而言，这就相当于“人间天堂”依然存在。

02

书

如果基督教“十诫”中的第十诫真的包括书，那么我们就一定要诚实地忏悔，因为我们常常破戒。我举一个例子，如果一位读者自称是爱书者，清醒地发誓说他从前及以后都没有违反任何一项戒条，那么他肯定不是真正的爱书者。

看看这些白纸黑字写出来的东西是多么耀眼：“不要觊觎邻居们的书。”这句话直接揭露了我心中的小秘密，太恐怖了！有很多我们希望能摆在自己书架上的书，曾经是属于别人的，现在仍是别人的。利·亨特曾给朋友送过一本法国作家蒙田（Montaigne）的著作，其中提道：“如果你读过蒙田的任意一本书，在某种意义上，你就在陪伴着我。”

毫无疑问，在一间藏书种类齐全的图书馆中，我们就像面对着世界上一群最聪明、最优秀的孩子。而在某些时期，一些伟大的智者明显超越了我们。一个纯粹文学的灵魂所拥有的力量是无限的。眼睛瞥见一本洛克（Locke）或亚当·斯密（Adam Smith）的书，人们难免会心生厌倦，手抹额前；然而当我们怀抱着一本兰姆（Lamb）的书，或艾萨克·沃尔顿（Isaac Walton）的行文坦率的书，我们就相当于拥有恩典、温柔和幽默——这些令我们疲惫之躯重新燃起力量。

当朗费罗（Longfellow）给流浪儿写的那首名诗[1]时，肯定有过这种感觉，他希望像诗中那样，有人能读给他听：

读几首简单真挚的短曲，
宽解这郁结的愁肠，
驱除整日的思虑。

别去找古代的大师，
别去找名家巨匠，
他们的足音仍然
在时间的长廊中回荡。

---

[1] 此处指朗费罗所写的《白昼已终》。

像军乐雄伟的旋律，

他们向我们提醒

人生是无休止的苦斗；

而今夜我渴望长眠。

一些著作的首版通常有作者的签名，以及其他能增值的特殊标志。对于首版的热望，使人们蜂拥购买，这样才不会留下遗憾。猎书者对待藏书的嗜好，一定与其他人一样明智，而且对头脑与心灵、情感与理解有着同样的吸引力。

“去年冬天我和书坐在一起，”某位著名作家这样写道，“我开始思考我是多么爱这些书的作者。不仅是因为他们所带给我的想象快乐，还因为他们让我爱上了他们写的书，而且我乐于与它们接触。”

下面提到的书，我认为值得收藏。因为这不仅仅是为了收藏，还能让书的所有者享受到更甚于“与它们接触的快乐”。

（1）《查普曼译荷马史诗》（*Chapman's Homer*），查

亨利·沃兹沃斯·朗费罗（Henry Wadsworth Longfellow，1807—1882），美国诗人、翻译家。其主要贡献是拉近了美国文化萌芽与历史悠久的欧洲文化之间的差距。著有《夜吟》（*Voices of the Night*）、《歌谣及其他》（*Ballads and Other Poem*）、《奴役篇》（*Poems on Slavery*）、《伊凡吉林》（*Evangeline*）、《布吕赫钟楼》（*The Belfry of Brgues*）、《海华沙之歌》（*Hiawatha, Based on American Indian Legends*）、《迈尔斯·斯坦迪什的求婚》（*The Courtship of Miles Standish*）、《海边与炉边》（*The Seaside and the Fireside*）、《卡文那》（*Kavanagh*）等。

尔斯·兰姆藏本。利·亨特还曾看到过兰姆亲吻这本书。下面提到的书都出自利·亨特《指标》（*The Indicator*）中的一篇文章《我的书》（*My Books*）。

"我最想拥有的书有斯宾塞（Spenser）的、乔叟（Chaucer）的、弥尔顿（Milton）的小诗、《一千零一夜》（*Arabian Nights*）、希腊诗人忒俄克里托斯（Theocritiis）的、亚里士多德（Ariosto）的，还有像《普鲁塔克的道德》（*Plutarch's Morals*）这样经典的著作。在这些书中，我喜欢封面平整、装订完好的，不论有多旧，只要封面和装订优良就行。我的《一千零一夜》的封皮就优雅又华丽，而且每隔十二页还绘有精美的花纹。"

（2）菲尔丁[1]著《艾米莉亚》（Fielding's *Amelia*），约翰逊博士（Dr. Johnson）[2]藏本。

---

[1] 亨利·菲尔丁（Henry Fielding，1707—1754），18世纪最杰出的英国小说家、戏剧家，英国启蒙运动代表人物之一，被沃尔特·司各特称为"英国小说之父"。著有《约瑟夫·安德鲁斯》（*Joseph Andrews*）、《弃婴托姆·琼斯的故事》（*Tom Jones*）、《艾米莉亚》（*Amelia*）等，奠定了英国小说全面反映当代社会的现实主义传统，与丹尼尔·笛福、塞缪尔·理查逊并称为英国现代小说的三大奠基人。

[2] 塞缪尔·约翰逊（Samuel Johnson，1709—1784），世人常称之为"约翰逊博士"。英国文学史上重要的诗人、散文家、传记家、言论家，当时的文坛盟主，其文学评论哪怕只言片语也被当作屑金碎玉。编纂《约翰逊字典》（*A Dictionary of the English Language*），对英语发展做出重大贡献，著有《阿比西尼亚国拉塞拉斯王子传》（*Rasselas，Prince of Abyssinia*）、《诗人列传》（*Lives of the English Poets*）等。

《一千零一夜》

博士一口气读完了这本书。他还有伯顿所著的《忧郁的解剖》（Burton's *Anatomy of Melancholy*）一书，这是他唯一承认可以令他提前两小时起床阅读的书。

（3）《弗兰肯斯坦》（*Frankenstein*）赠本，上面附有作者玛丽·雪莱（Mary Shelley）给玛丽·考登·克拉克（Mary Cowden Clarke）[1]的赠言。

（4）《伯恩斯诗集》（*The Burns*），德国作曲家费利克斯·门德尔松（Felix Mendelssohn）藏本。

门德尔松曾有一次表达过想阅读苏格兰诗人伯恩斯的诗歌的愿望，但遗憾的是，他第二天一早就要出发去德国，所以在离开之前无法拿到这些诗。而正巧阿尔弗雷德·诺韦洛（Alfred Novello）和查尔斯·考登·克拉克（Charles

[1] 玛丽·考登·克拉克（Mary Cowden Clarke，1809—1898），英国作家，音乐家文森特·诺维洛的长女，出版家查尔斯·考登·克拉克的妻子，与其夫同为研究莎士比亚的专家。著有《奇女格露枝小传》（*The Thune's Daughter*）等。

《普鲁塔克的道德》

《忧郁的解剖》，1638 年第 5 次印刷

Cowden Clarke）[1] 在莱斯特广场的比克斯书店买了一本伯恩斯的诗集。他们在门德尔松离开之前，及时赶到了他要乘船离开的港口，将他梦寐以求的诗歌送给了他，毫不意外地，门德尔松脸上露出欣喜而满足的表情。也许正是因为这件事，门德尔松才写出了那句经典的歌词："是你在冷风中。"

——克拉克《作家回忆录》（*Recollections of Writers*）

（5）塔索著《阿闵塔斯》（Tasso's *Amyntas*），利·亨特翻译的首版。

这本书如今的封皮用的是绿色和金色的装饰，与"最初"的手稿一样，它被亨特赠送给了文森特·诺韦洛（Vincent Novello）。在书名页上（参见《作家回忆录》），利·亨特手写道："送给文森特·诺韦洛——你亲爱的朋友和译者。"在封面页内有文森特的签名，在他的名字和地址下面，有这样一段话：

---

[1] 查尔斯·考登·克拉克（Charles Cowden Clarke，1787—1877），英国作家、莎士比亚专家、出版家，济慈早年的导师。他对普及乔叟作品贡献颇大，除公开讲演外，曾编订《乔叟的财富》（*The Riches of Chaucer*）、《散文本乔叟故事》（*Tales from Chaucer in Prose*）等，并且替 1872 年第七版《大英百科全书》（*Encyclopedia Britannica*）撰写"乔叟"条目。

我异常珍视这本书，因为它是我的好朋友亨特送给我的，是我藏的最有价值的书之一。我特意对于家人强调，等我去世之后，要把这本书当作传家宝来珍藏。

（6）《考德尔夫人的枕边训话》（*Mrs. Caudle's Curtain Lectures*），作者道格拉斯·杰罗尔德（Douglas Jerrold）给玛丽·考登·克拉克的赠本。他在上面写道：

敬小慎微，心慕笔追！敬赠考登·克拉克夫人。

狄更斯（Dickens）曾送给克拉克夫人一本自己写的《荒凉山庄》（*Bleak House*），他在标题页上写道：

致以查尔斯·狄更斯的敬意，赠玛丽·考登·克拉克，1853 年 12 月。

和这句话写在一起的还有一句请求：

请在您的书架上给这本书一个位置，如果可能的话，在您心中也给它留个位置。

（7）查尔斯·考登·克拉克所藏利·亨特的作品。根据说明来看，装订出了一点问题。

我本来早就能够送你一本你想要的书了，但装订工把封面印成了红色而不是绿色，尽管我特意对他们交代过，但我认为他们可能没看到。这个颜色应该能让他们记住这次错误。你能想象到这些书在收到之前已经“脸红”很久了。

你最真诚的朋友，利·亨特

这里提到的书是《自由的陨落》（*The Descent of Liberty*）和《诗人的节日与一些诗篇》（*The Feast of the Poets, with other pieces in verse*）。

我让装订工将利·亨特的诗集《叶子》（*Foliage*）的封面印成绿色，但他们又犯了同样的错误，送到我家里的书竟

No. XIII.
MARCH.
Price 1s.
BLEAK HOUSE
BY
CHARLES DICKENS.
WITH ILLUSTRATIONS BY H. K. BROWNE.
LONDON: BRADBURY & EVANS, BOUVERIE STREET.
AGENTS: J. MENZIES, EDINBURGH; MURRAY AND SON, GLASGOW; J. M'GLASHAN, DUBLIN.
The Author of this Work notifies that it is his intention to reserve the right of translating it.

《荒凉山庄》，1853 年版

《荒凉山庄》，1964 年版
封面插画师：托马斯·B. 艾伦（Thomas B. Allen）

查尔斯·狄更斯(Charles Dickens，1812—1870)，英国作家。著有《大卫·科波菲尔》(*David Copperfield*)、《匹克威克外传》(*The Pickwick Papers*)、《雾都孤儿》(*Oliver Twist*)、《双城记》(*A Tale of Two Cities*)等。

然是天蓝色的！

——查尔斯·考登·克拉克《作家回忆录》

（8）在爱默生（Emerson）作品的扉页上，有英国物理学家廷德尔（Tyndall）教授的签名，以及一句话："因灵感而购买。"

（9）拉曼·布兰查德所著《抒情祭》（Laman Blanchard's *Lyric Offerings*），罗伯特·布朗宁（Robert Browning）藏本。

我只能从坎伯威尔跑到邦德街（真的是跑，因为那时我还是个孩子），带回一本盛满了世界上最甜蜜、最真诚之物的小书。

——罗伯特·布朗宁《罗伯特·布朗宁写给拉曼·布兰查德》（*Robert Browning to Laman Blanchard*）

（10）罗伯特·布朗宁还拥有雪莱（Shelley）和济慈（Keats）早期的作品。

布朗宁拿到手的雪莱作品是有印刷错误的版本，书店窗户虽然布满灰尘，但他却透过窗户看到了迷人的花园。他没有耐心一个人步行去那里，但在 1825 年想要得到一本雪莱的书非常不容易。虽然雪莱去世已经三年，但还没有一个书商知道这本书的名字。最后还是《文学公报》（*Literary Gazette*）的编辑提出了这个问题。得到的答案是：你们想要的这本书可以从薇拉街的奥利尔兄弟书店处买到。因此，老布朗宁夫人去了薇拉街，买了几本书作为礼物送给自己的儿子。她不仅买了雪莱的全部作品，还买了三本济慈的书。因为有很多人向她推荐过济慈，说济慈非常有雪莱的精神。

如今的爱书者可能无法想象布朗宁夫人买到的书价值几何。那些著作中有紫色封皮的《阿多尼斯》（*Adonais*），还有《心之灵》（*Epipsychidion*）。总之，除了《钦契》（*The Cenci*）是第二版外，布朗宁夫人买的书都是首版。

——E. W. 戈斯《罗伯特 · 布朗宁的早期文章》
（*The Early Writings of Robert Browning*，by E. W. Gosse），
发表于《世纪杂志》（*The Century*）

（11）罗伯特·布朗宁所著《波林》（*Pauline*），约翰·斯图尔特·米尔（John Stuart Mill）藏本。

这其中还有一件奇怪的事，书的收藏者约翰·斯图尔特·米尔是比布朗宁大六级的校友。米尔非常高兴，立刻给《泰特杂志》（*Tait's Magazine*）的编辑写了一篇文章，因为《泰特杂志》是他当时唯一能畅所欲言的杂志。米尔写了一封信请编辑仔细阅读《波林》。得到的答复是："乐意之极。"但遗憾的是，诗集因一行带有蔑视之态的诗句在上期就被摒弃了。自此以后，米尔收藏的诗集再也没有机会在其他任何杂志上发表。但在米尔死后，他收藏的《波林》又回到了布朗宁的手中，其空白页上满满都是米尔对此书的注释和评论。之后，约翰·福斯特（John Forster）对这本书产生了兴趣，将之借了过来，"把这本书传下去，就是智慧"。在福斯特死后，随着他的藏书室一起被南肯辛特图书馆兼并，这本书又被后者所收藏。两位青年才俊的遗物终于在这里找到了栖身之所。

——E. W. 戈斯《罗伯特·布朗宁的早期文章》

《世纪杂志》，1895 年 4 月版

封面插画师：爱德华·乔治·沃顿（Edward George Wharton）

《世纪杂志》，1895 年圣诞版

封面插画师：海德·路易斯（Hedd Louis）

《世纪杂志》，1896 年 3 月版

封面插画师：伊莉莎 · 布朗（Eliza Brown）

（12）《博蒙特和弗莱彻》（*Beaumont and Fletcher*），查尔斯·兰姆藏本。

布里奇特·伊利亚（Bridget Elia）对兰姆说过："你还记得自己身上穿的棕色衬衣是如何变得破旧不堪，以致朋友们都笑话你吗？都是因为你昨晚从考温特花园的巴克尔书店带回家的那本《博蒙特和弗莱彻》[1]。你还记得我们要在橱窗外看了好几个星期，直到周六晚上十点才能下定决心买那本书吗？你从伊思灵顿出发时，担心去得太晚——书店的老售货员会一边抱怨一边打开店门，借着微弱的烛光（因为他已经铺床了），照亮他落满灰尘的珍宝。"

你把那本书带回家，希望它备受珍视。之后你将它交给了我，我们一起发现它的美（你叫这为"核对"）。而我在用糨糊粘一些松动的书页，不会在乎你的不耐烦。当个穷人就一点也不快乐了吗？

---

[1] 弗朗西斯·博蒙特（Francis Beaumont，1584—1616），欧洲文艺复兴时期英国剧作家。他曾与约翰·弗莱彻（John Fletcher，1579—1625）保持密切合作，两人一起创作了几十部传奇戏剧和喜剧，如《菲拉斯特》（*Philaster*）、《少女的悲剧》（*The Maid's Tragedy*）、《王与非王》（*A King and No King*）等，并联合署名"博蒙特与弗莱彻"。

或许现在你有能力穿得起干净整洁的西装，但是洗起来还是要十分小心。因为我们现在已经变得富有且讲究了，就会产生虚荣心而炫耀自己的西装。一件西装要穿四周到五周，比你之前能穿的时间更长，这样才能让你为花费十五十六先令而安心，不是吗？而把这些钱花在买书上时，你总会认为这是一笔大支出。现在你买得起任何你喜欢的书了，但我从没看到你带有价值的书回家。

——布里奇特·伊利亚《伊利亚随笔：旧中国》

（*Elia's Essays*：*Old China*）

我只有在对开本的书里才能读到《博蒙特和弗莱彻》。八开本的书看起来很累，我不想看八开本的。

——查尔斯·兰姆《关于书籍和阅读的客观思考》

（*Detached Thoughts on Books and Reading*）

吸引我注意的是我的一本小摘录，上面写满了书价目，特别是《博蒙特和弗莱彻》这本，我忍不住想这些作家中一定有一个人比其他人都要富有。当然，莎士比亚除外。

——查尔斯·兰姆《查尔斯·兰姆写给柯勒律治》

（*Charles Lamb to Coleridge*）

许多喜爱兰姆的读者一定乐于耳闻兰姆有《博蒙特和弗莱彻》，并且还被用来为他的收藏分类。这本书如今被存放在大英博物馆，是大英博物馆几年前偶然在一场拍卖会上得到的。［这本珍贵的作品是海军上尉坎宁安（Cunningham）“收藏”的，他以大英博物馆的名义用二十五英镑从一位学者手中买到。奇怪的是，如此有价值的书竟然无人争相购买］

——G.C. 麦考利《弗朗西斯·博蒙特：批判研究》

（*Francis Beaumont*：*a Critical Study*，by G. C. Macaulay）

（13）兰姆在他的作品《关于书籍和阅读的客观思考》中提及的所有的书。

（14）柯勒律治向兰姆借的所有的书。

读者们羞于展示自己的收藏，因为他们认为偶然得到这本书非常幸运。如果你心里想把书借出去，那就把它们借出去。但要借给像柯勒律治那样的人：他会把书在预定日期还给你，并且上面还写满了注释，让原价翻了三倍。我就遇到过这种人。我把我收藏的珍贵手稿借给他们（都是数量极少的手稿，可与原版相媲美），有丹尼尔（Daniel）的作品、老波顿（Burton）的作品、托马斯·布朗爵士（Sir Thomas Browne）的作品。还给我时，上面几乎没有一个脏手印。格雷维尔（Greville）深奥的思想，如今竟在异教徒的领地上游荡。我给你一个忠告，不要对柯勒律治封闭你的心，也不要对他封闭你的藏书室。

——查尔斯·兰姆《两种人》（*The Two Races of Men*）

塞缪尔·丹尼尔（Samuel Daniel）的这部作品，1718 年出版，三十二开，共两卷。柯勒律治和兰姆本人的注释非常有趣且丰富多彩。书中关于内战的内容则尤其吸引他们的注意，而其他内容则没有多少注释。兰姆还从《泰特利的节日》（*Tetley's Festival*）（1610）摘抄出了一部分内容，写在空白页上，之后这部分内容又出现在《戏剧标本》（*Dramatic Specimens*）一书中。

……

老波顿的这本作品是首版，1621 年出版，即兰姆的藏本。

——《兰姆全集札记》（*Notes to Lamb's Complete Works*），共四卷，莫克森出版，1870 年

（15）汤姆森著《逍遥宫》（Thomson's *Castle of Indolence*）口袋本，华兹华斯藏本。

华兹华斯还在书上写了一节诗的开头：

在我们的快乐城堡中，住着一个人。

（16）爱默生著《英国人的性格》（*English Traits*），利·亨特藏本。

今日清晨，他（爱默生）又出现在了 J.T. 菲尔德（J. T. Fields）的藏书室里。我发现他正对着一本小书笑个不停。原来这本书是利·亨特收藏的《英国人的性格》，书页的空白处写满了他的感想和评论，这使爱默生感到非常惊讶。

——安妮·菲尔德《爱默生一瞥》（*Glimpses of*

Emerson，by Annie Fields），刊于《哈珀新月刊》（*Harper's New Monthly Magazine*）

（17）威廉·莫里斯著《人间天堂》（William Morris's *Earthly Paradise*），阿尔弗雷德·奥斯丁（Alfred Austin）藏本。

在盛开的鲜花之下，在茂密成荫的山毛榉树下，可以免受正午时分悬崖峭壁上的暴晒。夏日慵懒的海浪一波一波地冲刷着赤裸的脚丫，这才是最美妙的时光，多么惬意。在这美妙的时光中，伴随着舒缓轻柔的旋律，忘记了所有批评的言辞。这就是我最开心的事。我站在给予我这美妙体验的事物前，即使我忘记了所有熟悉的事物，依然阻止不了我表达真挚的感情。

——阿尔弗雷德·奥斯丁《时代之诗》（*The Poetry of the Period*）

（18）卢梭著《新爱洛伊斯》（Rousseau's *Nouvelle Hcloise*），P.G. 帕特莫尔藏本。这是 P.G. 帕特莫尔与黑兹利特拳击时，放在自己口袋里的那本。

我把这本书从口袋里掏出来，放在一边，不想看了，只因它碍着我了。但黑兹利特问："这是什么？"我微笑着将书递给了他；我忘不了他看见书名时的悲喜交加。他默默翻着书页，面色变得凝重，随即热泪盈眶。这是他第一次，可能是二十多年来的第一次哭——为书里的文字、思想和情感——他的灵魂早已寝馈其中，只有把这些都写下来才能平息他内心的狂热。因为《新爱洛伊斯》几乎就是黑兹利特年轻时想象力的典范，而他自己也像作者卢梭一样，古怪又引人注目，或许比其他任何才俊都要像卢梭。

——P. G. 帕特莫尔《吾友与相识》

（19）卢梭著《新爱洛伊斯》，雪莱藏本。

在酒店度过两个星期之后，这两拨旅行者就分道扬镳了。拜伦和他的秘书波利多里（Polidori）住进了迪欧达第别墅[1]，而雪莱、玛丽和克莱蒙特（Clairmont）小姐住进了勃朗峰湖畔的一栋小屋里。迪欧达第别墅美轮美奂，坐落在科

[1] 1710年，盖布利尔·迪欧达第买下这座别墅，1816年拜伦来此居住后，使其名声大噪。

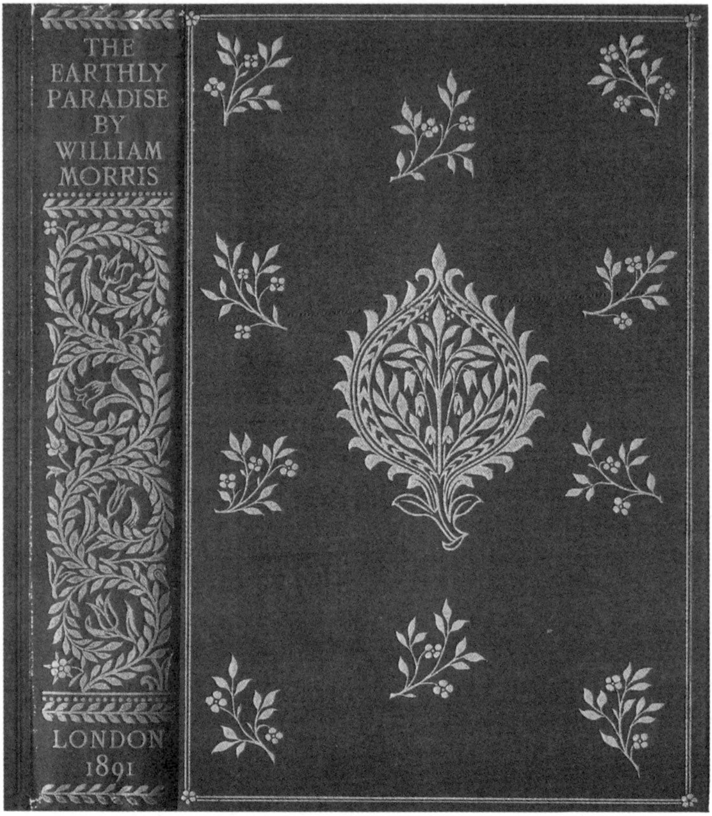

《人间天堂》

洛尼镇附近的日内瓦湖的高岸上。而雪莱的房子则被称为沙皮伊别墅或阿雷格里山庄[1]。有时，雪莱和朋友们会在拜伦那儿彻夜闲聊到天亮，就顺便睡在那里。那是一个极其潮湿的夏日，却也无法阻挡雪莱每天去湖边散步。1816年6月23日，雪莱和拜伦，只在两位船工和一名仆人的陪伴下，开始了为期九天的环湖旅行。他们游玩了米勒瑞、克拉伦斯、夏兰、沃韦和洛桑市。正是这期间，雪莱第一次读了《新爱洛伊斯》："伟大的天才如潮水般涌现（正如目下所见，已如此济济一堂），甚至超出了人类的想象。"他仿佛要在"朱丽林"[2]前哭泣。航行到圣金古附近时，他们受暴风雨所阻，这个场景与《新爱洛伊斯》中的一场意外十分相像。而且由于一名船工操作失误，他们的船几乎就要翻倾。雪莱从未学过游泳，他觉得自己一定会被淹死的。他拒绝了别人的帮助，坐在一个储物柜上，紧紧攥着两头的拉环，大声喊着自己就要沉下去了。

---

[1] 玛丽在此完成了著名的黑色小说，同时也是西方第一部科幻小说《弗兰肯斯坦》（*Frankenstein*，或译《科学怪人》）。

[2] "朱丽林"：瑞士蒙特勒镇至克拉兰有一处栗树林，为卢梭《新爱洛伊斯》的取景地。

那个时候我感觉到了死亡。[雪莱在7月12日写给皮科克（Peacock）的信里说]数不清的感觉混杂在一起，其中有恐惧，但却不是最主要的。如果我是一个人在那里，可能还不会那么痛苦。但我知道我的同伴们一定会来救我，我一想到他们会因救我而面临生命危险，我就觉得自己无地自容。

——罗塞蒂《雪莱回忆录》

（*Memoir of Shelley*，by Rossetti）

（20）雪莱著《麦布女王》（*Queen Mab*），雪莱夫人藏本。

在苏富比·威尔金森·霍奇拍卖行[1]，一个女人不由自主流露出的狂热之情被暴露在众目睽睽之下。这一幕在雪莱首版《麦布女王》的扉页上（第63批次拍卖品）得以重现。此赠签本是作者送给玛丽·沃斯通克拉夫特·戈德温（Mary Wollstonecraft Godwin）[2]的，扉页底端还有雪莱亲自用铅笔写的话："你看，玛丽，我没忘记你。"

---

[1] 1861年，苏富比拍卖行为适应市场需求，开始从个体经营向合伙经营过渡，它接纳了另外两位出资人的股份，更名为"苏富比·威尔金森·霍奇拍卖行"（Messrs.Sotheby, Wilkinson and Hodge）。

[2] 即玛丽·雪莱，她于1813年左右与雪莱相识并相恋，1816年后成为雪莱的第二任妻子。

玛丽在扉页下方也写道："1814 年 7 月[1]，这本书对我而言非常神圣。没有人会看到它，因此我可以在上面自由地写些东西，可我应该写什么？我对雪莱的爱无法用语言形容，而我又是和他分离的。我亲爱的和唯一的爱人，因为深爱，我们彼此承诺，即使我不是你的，也不会是别人的。我是你的人，只是你的：

'经由爱之吻，我的眼里只有你，

没有其他东西能回报你的微笑，

心中微弱的声音，

颤抖的手牵在一起。'

"我已经向你保证，神圣的长诗就是你的恩赐。我记得你说的话：'玛丽，你现在要融入社会之中，因为不久之后，我就要离开。但你独自在房间时，我必与你同在。'是啊，以你上帝的视角，永远与我同在。

---

[1] 1814 年 7 月 28 日，雪莱和玛丽一起离开英格兰。

但是啊，我觉得这里的

祝福永远不是给我的，

你就像那天堂的美梦，

只有人间的爱才能报答你。”

（21）雪莱所藏《奥西恩》（*Ossian*），在扉页上有诗人的签名，后来被一位幸运的收藏家在书商街淘到了。

（22）福彭斯（Foppens）拥有彼特拉克（Petrarch）的珍藏本《坚决的智者面对这样那样的财富》（*Le Sage Resolu contre l'une et l'autre Fortune*）。这本书曾经属于哈德森·洛维爵士（Sir Hudson Lowe），他是看守拿破仑的监狱长。洛维爵士写道：“监狱已被加固，困住了那个尝尽命运极端甘苦之人的灵魂——圣赫勒拿岛的俘虏——拿破仑。”

（23）卢梭所藏《效仿基督》（*The Imitatio Cliristi*）。

那是在 1827 年，M. 德·拉图尔（M. de Latour）在卢浮

宫的堤岸旁散步。在一家书店里，他发现了一本有些破旧的《效仿基督》。与其他藏书家一样，拉图尔并没有检查佚书的习惯，除非它们是“埃尔塞维尔版”。因为埃尔塞维尔书屋曾出版过一本未标日期的《效仿基督》，卖出了非常可观的价格。

也许是因为幸运，也许是苏格拉底在拉图尔耳边说了几句悄悄话，拉图尔最终将这本18世纪破旧的书拿了下来。这本书是1751年的法语版本，扉页上写的人名是谁？拉图尔读了读：“属于卢梭。”这绝对没错！作为一位优秀的藏书家，拉图尔对卢梭的签名非常熟悉。但为了进一步确定，拉图尔花了75生丁买下了这本书，之后穿过艺术桥去找他的图书装订工。因为那里有一本卢梭的作品，上面有复写的卢梭签名。拉图尔一边走，一边读着这本书，发现在页边空白处有卢梭做的注释。

另一本书上复写的签名证明这本书上的签名是真的。拉图尔欣喜若狂地去了对外办事处（他是那里的一名公务员），冲进他朋友马奎斯（Marquis）的办公室。马奎斯性格强势，也认出了那是卢梭的签名，但没有流露出任何情绪。拉图尔注意到在这本书页的周围装饰着许多凋谢的花朵图案，这是为了让卢梭的一位朋友看到他最喜欢的花——长春花，而保留下来的。就像一位真正的法国人那样，拉图尔跟卢梭年轻的时候一样，第一次看到这种花时也没有认出来。那一晚拉图尔太兴奋了，整晚都没有闭眼。而困扰他的是，在卢梭所有的作品中，都没有提到过《效仿基督》。

随着时间的推移，这本书没有重新装订，依然保留着它原先那俄罗斯皮质封皮。拉图尔并不认为“在这个世界上，只有《圣经》才被允许久久流传”，他认为阅读古籍这个业余爱好带来的喜悦只有在天堂才能实现了。然而一次很偶然的机会，拉图尔把卢梭的《山中来信》（*Euvres Inedites*）全部翻了一遍，发现了一封 1763 年卢梭写的信。信中，卢梭请摩提尔斯·特拉弗斯（Motiers Travers）将《效仿基督》寄给他。在卢梭的《忏悔录》（*Confessions*）中，1764 年是令人难忘的一年，因为那时他对长春花流露出多愁善感，这是自从他入住勒斯查米特斯山庄之后，第一次注意到这种花是那么的特别。在那里，华伦夫人（Madame de Warens）就曾提到过这种花。从而，拉图尔又重新找出了那一模一样的，令卢梭眼眸湿润的长春花。

——安德鲁·朗《图书馆》

（Andrew Lang's *The Library*）

（24）申斯通（Shenstone）的著作，拜伦藏本。

上周，在苏富比·威尔金森·霍奇拍卖行拍卖了一件有趣的拜伦遗物，那就是申斯通的《诗歌和散文集》（*Works in Verse and Prose*）（共三卷，1777 年）。这套书每卷上都有拜伦的签名，其中，第三卷中有四页都是拜伦写的“对申斯通的歌颂”。也许，拜伦在其中一卷上写的隽语是该遗物中最有趣的，沿记忆誊录如下：

“我不明白，”迪克说，

“是什么让我的腿变得这么粗？”

“你不懂啊，”亨利说，

“你的腿要带多少牛犊啊。”

——《雅典娜神庙》（*Athenaeum*），

1885 年 11 月 21 日

（25）查尔斯·狄更斯著《美国纪行》（Charles Dickens's *American Notes for General Circulation*），狄更斯之父藏本。

这本书是狄更斯送给他父亲的礼物，并且上面有狄更斯亲笔写的“送给约翰·狄更斯(John Dickens), 1842 年 10 月 18 日”。在这本书里还有一份会议记录，一共两页，纸张大小只有普通纸张的四分之一，全是狄更斯的手迹，还带有他的签名。这份会议记录应该是一份原始会议记录，记录的是 1824 年 1 月 12 日，从利物浦开往波士顿的蒸汽轮船上召开的会议。马尔格雷夫伯爵（the Earl of Mulgrave）主持会议，查尔斯·狄更斯先生是秘书和会计。这次会议中，狄更斯的收获是：（1）在一场暴风雨航行中见识到了船长高超的航海技能。（2）为捐款而购买了一块银片。（3）被任命为委员会的一员。之后船长清点了捐款的总数，并感谢各位捐款的人，在银片上刻上题词。最后，则以查尔斯·狄更斯一个极富特点的签名结束。

——菲茨杰拉德《文学家的娱乐》

(Fitzgerald's *Recreations of a Literary Man*)

我们暂且列举到这里，这些只是很少一部分，还有更多没有列举到的“珍贵古籍”。最稀有又价值连城的是那些袖珍书。查尔斯·考登·克拉克所藏的乔叟的书，书上还有济

长春花

慈个人最喜欢篇章的标注。莎士比亚对开本上有济慈做的页边注。对开本的《荷马史诗》（*Homer*）则是属于《时代周刊》（*Times*）的奥萨格（Alsager）先生的财产。济慈在他的十四行诗《初读〈查普曼译荷马史诗〉有感》（*On First Looking into Chapman's Homer*）中也吐露了自己将《荷马史诗》读得滚瓜烂熟一事。以上两本书，不管买哪一本，乔治·亨利·刘易斯（George Henry Lewes）[1]就没有钱吃饭了。雪莱的传记作者霍格[2]第一次去拜访雪莱时，难以忘记牛津大学宿舍那两摞被雪莱用来架火钳的书，还有雪莱在学校里散发《无神论的必然》（*The Necessity of Atheism*）的册子。因为此事，雪莱被牛津大学管理层传唤之后，就被牛津大学开除了。

《麦布女王》由雪莱转赠给了拜伦。约翰·弥尔顿的《圣经》（John Milton's *Bible*）最近被大英博物馆收藏。罗伯特·布

---

❶ 乔治·亨利·刘易斯（George Henry Lewes，1817—1878），英国作家、评论家、哲学家、记者，为当时文学和知识界的领袖人物。著有《歌德的生平与著作》（*Life and Works of Goethe*）、《生活和思想之问题》（*Problems of Life and Minds*）等。1851 年与乔治·艾略特相识，三年后两人在一起长达 24 年。刘易斯给艾略特的创作以很大的鼓励和影响。

❷ 托马斯·杰斐逊·霍格（Thomas Jefferson Hogg，1792—1862），英国律师、作家，雪莱的大学同学。1810 年 10 月下旬在饭桌上与雪莱偶遇，二人就文学问题引发争论，从此互相拜访、朝夕相处成为挚友。著有《雪莱传》（*Shelley*），以事情翔实著称。

坎南（Robert Buchanan）藏有友人大卫·格雷所著的《木桶》（David Gray's *The Luggie*）。悉德尼·多贝尔（Sydney Dobel）藏有亚历山大·史密斯的处女作《诗集》（Alexander Smith's *Poems*）。

多贝尔在《悉德尼·多贝尔写给父母的信》（*Sydney Dobell to his Father and Mother*）一文中提及《诗集》道：

你从文件可知，亚历山大·史密斯已当选为学校的秘书长。这是一场恶战，你本该被突然派往爱丁堡，以及发现我是支持者之一而欣喜。我没有预料到那天一早辛普森会来找我，并且想在地方议会上利用我的“影响力和证词”。我发现自己相当赞成这件事，我就尽我一切的努力，一直工作到晚上八点。一些有影响力的人已经接受了亚历山大“伤风败俗”的观念。我拿着这本书，只针对内容发表即兴演讲，来抵消别人的影响。

每个伟大而非凡的人总有一本最心爱的书。对我们来说，那本书因其所承载的属于作家之间的友谊而永远神圣，是我们在书商的目录里、旧书摊、拍卖会上孜孜不倦搜寻的珍宝。唉，最大的损失就是，利·亨特把他收藏的济慈的《拉弥亚》（*Lamia*）（在雪莱溺亡的遗体上找到的）与自己的遗物一起烧毁了。这种行为简直令人发指，但对于它的主人而言，随葬又是神圣而庄严的。那本书是能令藏书狂梦之，吼之，妄之，誓之且狂之的书啊！

关于《拉弥亚》这本书，乔治·班纳特·史密斯（George Barnett Smith）在《雪莱评传》（*Shelley, a critical Biography*）中写道：

当游船沉没时，雪莱的手攥紧的是埃斯库罗斯（Eschylus）的诗集（不是济慈的诗歌）。雪莱对埃斯库罗斯的诗歌沉醉痴迷，恰巧又在游船被暴风雨打击时捧读着……在雪莱胸前的衣袋里有一本济慈的诗集，但埃斯库罗斯的诗集却被雪莱紧紧攥在手里，手指都嵌进了书页里。如今这本书还是被翻开到暴风雨降临时雪莱读的那一页，他的手指印如烙印般保留在了那里。雪莱的尸体被打捞上来后，是特里罗尼（Trelawny）先生在他的手里发现了这本书并取了出来，随后便将雪莱的尸体抬上了火葬的柴堆。这本书仍归雪莱所有。而雪莱在灾难降临之前很可能也读了济慈的最后一部作品，因为在他胸前的衣袋里发现的那本诗集，有些页被对折进去以作记号。济慈的诗集是利·亨特给雪莱的，亨特还对雪莱说，要好好保存这本诗集，直到亲手还给他的那一天。亨特再也不可能从雪莱手中接过这本诗集了，于是便将它与雪莱一同火化了。

这些蕴藏着大人物珍贵友谊的书，不仅价值连城，更承载着深重的情感价值。例如拍卖 D.G. 罗塞蒂（D. G. Rossetti）的财物一事，其中有一本斯温伯恩的《阿塔兰塔在卡吕冬》（Swinburne's *Atalanta in Calydon*），（作者在上面亲笔写道："D.G. 罗塞蒂，最深爱的挚友 A.C. 斯温伯恩赠。"）最终拍得三十一畿尼。每当阅读到此类拍卖记录时，仿佛那些古时的人将书当作贵重物品典当的记载不过是黄金时代的旧梦。谁又能确定爱默生从前所确信的"在银行贵宾室里，书这类东西不过都是垃圾"这种说法不会随着时代的变迁而改变呢？

THE PLEASURES OF A BOOKWORM

献辞的浪漫与现实

在“献辞”中，我们能发现何种风流韵事以及欲盖弥彰？意味深长的故事往往是爱的标志，或是友谊的申明——不，它偶尔也带着悲伤和苦涩。因前辈迪斯雷利（D’Israeli）常常忏悔自己总是从前言中拾欢集趣，所以我也要自我忏悔，因为我时常熟读作家们的献辞，从中窥探他们的灵魂，以此获得更多的乐趣，而不是像作家们所希望的，关注他们的“作品”。

01

雪莱的爱情故事，绝大部分就体现在他的献辞里。在他的长诗《麦布女王》前，就缀着这样一则故事：

亲爱的哈里特，
是何人之爱，在全世界上空闪耀，
庇护你躲避嘲笑的毒箭？
是何人的温暖和赞美，
成为美德最甜蜜的回赠？

谁的容颜下，能令我苏醒的灵魂
在真理与美德中茁壮成长？
我深情凝视着何人之眼眸，
且给予人类深厚的博爱？

是你，哈里特！你就是我纯洁的心灵，

你是我诗歌的灵感源泉，

你就如同那些初绽的野花，

若花环般围绕着我。

让这爱的誓言飞进你的胸膛，

纵使光阴飞逝、年岁更迭，

每一朵在我胸中绽放的花，

都是为你而生。

这首附在《麦布女王》前的小诗最初写于1810年，但在1813年，《麦布女王》作为非公开出版时，这首诗还未完成。1809年夏，雪莱爱上了他的表妹哈里特·格鲁夫（Harriet Grove），但她却在雪莱19岁时嫁给了别人。

在梅德温（Medwin）看来，对于哈里特·格鲁夫小姐来说，保留下这首小诗的初貌是对她最好的纪念。H. 巴克斯顿·福曼（H. Buxton Forman）先生也认同梅德温的这一说法。但W.M. 罗塞蒂（W.M.Rossetti）则认为这纯粹是过于浪漫的猜想。

在梅德温的《雪莱的一生》（*Life of Shelley*）中，他就对这首附诗评论道：

雪莱对哈里特的爱，情根深种，从第二年雪莱给《麦布女王》写的献辞中就可窥见一斑。

但梅德温的这一论断却遭到了雪莱的断然反对，雪莱在写给他的出版人奥利尔（Oilier）先生的信中明确指出，那首献辞是写给他第一任妻子的（引自《雪莱回忆录》）。

我们再回到方才的话题。在雪莱的表妹哈里特刚刚完婚不久，雪莱就与另一位叫哈里特的姑娘私奔到了苏格兰。这位名叫哈里特·威斯布鲁克（Harriet Westbrook）的姑娘是他妹妹的同学，也是一家咖啡店店主，绰号叫“犹太人”的威斯布鲁克的女儿。1811年初秋，他们在苏格兰成婚，那时雪莱19岁，他的第一任妻子只有17岁。就像我方才说到的，雪莱义正词严地声明，《麦布女王》的献辞是写给这位哈里特的。但毕竟雪莱写的那三封信让人不得不怀疑，是否他对哈里特的爱，让他坚信她是“我诗歌的灵感源泉”（引自《麦布女王》的献辞）。

雪莱的传记作者霍格将其中的两封信出版了。第一封信是关于哈里特·威斯布鲁克以及雪莱对她的感情。“若是我对爱情了若指掌，”雪莱在信中写道，“那么我就没有在爱。”

第二封信同样也提到了哈里特：

她的父亲为了阻止我们在一起而做出了许多疯狂的举动，甚至竭力强迫她去上学。她不得不向我求助，我告诉她，我们必须要反抗。同时，我还写了一封信安慰她的父亲威斯布鲁克先生，但收效甚微。因我让她反抗的缘故，她便完全依赖于我的保护。我建议她反抗。她回信对我说反抗是没用的，但她想和我一起私奔，想让我全心全意爱护她。

雪莱的第三封信写于他新婚后，首次公开是因 W.M. 罗塞蒂先生在演讲时提及。它被刊印在 1878 年 2 月的《大学杂志》（*University Magazine*）中。内容如下：

我在威尔士与她（当然是哈里特）分隔两地时，她写信的频率与日俱增。我一封一封地回信，信的内容也变得愈加有趣。她的信大多在抱怨她不会处理人际关系，以及她的住处没有所爱之人的痛苦。她的信的内容也变得越来越忧郁灰暗。最终，这些充斥着绝望的信迫使我迅速离开威尔士，回到了伦敦。当我看到她容貌的变化时大吃一惊，从来没有想到她为何会发生如此大的改变：她变得极度依赖我，害怕我会抛弃她不再回来。这番表白因偏激而令人痛彻心扉，让我无法不为之感动。我向她承诺我的命运会与她的命运融为一体，由于这些原因我向她求婚，她答应了。

这种模式的恋爱及之后的一连串事情，与雪莱的献辞中所写的大相径庭，很难让人相信这样的哈里特会是他灵感的源泉。然而结婚之后他总是说："哈里特非常开心，我也非常开心。"以及"每当我回家见到哈里特，我就是这世上最幸福的人。"这种话颇为适合放在《麦布女王》献辞最后一节诗的旁边：

让这爱的誓言飞进你的胸膛，

纵使光阴飞逝、年岁更迭，

每一朵在我胸中绽放的花，

都是为你而生。

然而他们结婚三年之后，雪莱最后一次认真凝视哈里特的脸。这时雪莱已经遇见了玛丽·戈德温，正是因为玛丽，雪莱才明白了什么是“突然如其来的、无比强烈的、不可抗拒又无法控制的激情”。于是，1814 年 7 月，雪莱与他新的爱人玛丽携手离开英国。时光流转，雪莱曾写下这样几句话为自己的行为解释：

每个了解我的人都知道，陪伴我度过一生的人，必须能够感受到诗歌的美，对哲学有自己的理解。哈里特是个有贵族气质的人，但是她什么都不会做。

1816 年，哈里特，那个雪莱曾宣称是他“灵感源泉”的女孩溺水自杀。就在这一年的 12 月，雪莱与玛丽·戈德温成婚。

1818年初，雪莱出版了《伊斯兰的反叛》（*Revolt of Islam*）一书［首次发行时，书名是《拉翁和瑟希娜》（*Laon and Cythna*）］，雪莱又在这本书前为新妻子写了献辞：

亲爱的玛丽：

我的夏日事务业已结束，玛丽，

我就要回到你身边，回到我心中的家：

辛苦的劳作从你那里偷走了多少光阴，

好在如今已经结束，丰收的果实堆放在你足下！

再没有比目连枝，绿树成荫，

也没有飞珠溅玉，林籁泉韵。

何物能覆满苔藓的树枝与杂草，

为我孤零的船搭建一所孤零的棚，我应见：

但在你身旁，我的心依然在那里。

然而我还未找到从不欺我之人，

他们铁石心肠，冷坠如冰，

令我的心粉碎、枯萎，让我

心如死灰，直到你将之复活。

穿越世界荒芜之地最是孤独，

虽然我踏上高尚之路。

我仍在路上，但不再是独身一人，

那里孤独仿若绝望，我要远走。

如今已归于宁静时光，

两个稚嫩的婴儿从你身上降生，

让我们的家充满欢笑，因此我们

是最幸运的，孕育在生命的破晓之中！

这些欢快和亲爱的你，都奔向了我，

这首诗歌我奉献给你。

玛丽在她的《〈伊斯兰的反叛〉笔记》中说：“1817年，我们在白金汉郡的马洛[1]相识。这首诗是雪莱在船上写的，那

[1] 雪莱在此留下诗句：“冬天来了，春天还会远吗？”

时船正在毕萨姆山毛榉林下或邻国飘荡，有一种奇特的美。”

这首诗的后续可见于雪莱在吉斯伯恩（Gisborne）先生去世后为他所写的一封悼念信。信中也附了这首诗：

我只能感受到那些能够理解我之人的需要。无论是在亲友间或家里，玛丽都没能给我这种不间断的交流。也许，向她隐藏这一想法，会令她不可避免地受伤。这就像坦塔罗斯（Tantalus）的诅咒[1]，当某人拥有强大的权力及像她这般纯洁的灵魂时，不应再激发他们对家庭生活的关心。

经年之后，雪莱将自己的爱情献给艾米莉亚·薇薇安妮夫人（Lady Emilia Viviani），《心之灵》（*Episychidion*）就是为她所写；又献给威廉姆斯夫人（Lady Williams），雪莱许多动人诗歌中的“简”指的就是她，我们对此不置可否。

---

[1] 坦塔罗斯（Tantalus），希腊神话中宙斯之子，起初甚得众神宠爱和非凡待遇。后变得骄傲自大，因侮辱众神而被打入地狱，永远受着痛苦的折磨。在文学作品中，“坦塔罗斯的诅咒”或“坦塔罗斯的苦恼”常喻指看到目标却永远达不到的痛苦。

我们对雪莱的评论都是根据他的献辞得出的，并因某些原因，只集中在他生平故事的核心范围内。通过雪莱的爱情故事，我们最真实地揭露了诗人天性的轻率善变，喜怒无常。在《心之灵》发表之后不久，雪莱给利·亨特写信说道："我的一部分生命已经逝去了。"并为他的看法而道歉，"我们中的一些人，在前世爱上了希腊神话中的安提戈涅（Antigone）[1]，这让我们在此生的任何关系中都得不到满足。"之后他又写道：

我不想再看《心之灵》，这本诗集是为了天边的一朵云彩而作，而不是朱诺（Juno，主神朱庇特的妻子）。可悲的伊克西翁（Ixion）（帖撒利国王，因爱上赫拉而被宙斯绑在一个永不停止转动的轮子上）变成了半人马座，这是他信仰的后果。若是你对我的人和事有所耳闻而感到好奇，《心之灵》会为你做出一些解答。《心之灵》写的是我理想中的生活和

---

[1] 安提戈涅（Antigone），古希腊悲剧作家索福克勒斯（Sophocles，约前496—前406）创作的戏剧《安提戈涅》中的人物，为俄狄浦斯的女儿。她不顾国王克瑞翁的禁令，将自己的兄长——反叛城邦的波吕尼刻斯安葬，而被处死。其不向世俗权势低头的伟大女英雄形象，激发了后世的许多思想家如黑格尔、克尔凯郭尔、德里达等的哲思。

情感。我相信每个人一生中都会爱上几个不同的人。而那个错误，我承认它并不容易，就是对于一个禁锢在肉体和血液中的灵魂来说，在俗世中寻找那个相似的灵魂定是难上加难。

雪莱在《钦契》（*Cenci*）中写给利·亨特的献辞，以及济慈早期的《诗集》（*Poems*）让我们忆起这三位挚友之间相互牵绊、难以割舍的命运。在亨特的家中，雪莱第一次见到济慈。[济慈之前曾与雪莱友好竞争过《伊斯兰的反叛》一书的创作权，并承担了《恩底弥翁》（*Endymion*）的写作。]

当济慈与亨特一同在海格特公墓附近的一条小巷散步时，遇到了柯勒律治。也是因为亨特，《孤舟之咏》（*The Rime of the Ancient Mariner*）的作者柯勒律治才转过身与他们打招呼。与济慈握手之后，柯勒律治轻声对他说："你的手上有死亡的气息。"唉，谁料这个预言应验得如此之快。1821 年，济慈被葬在罗马的新教徒公墓，其公墓的位置在雪莱的诗歌《阿多尼斯》（*Adonais*）中清楚地标明了。一年后，雪莱的骨灰也被安放在了与他情同兄弟的诗人的墓碑旁，与济慈一起在天堂继续吟诵优美的诗歌。

霍顿爵士写道："济慈被埋葬在罗马的新教徒公墓，这里是最美的景点之一，能让人们的眼睛和心灵得到休憩。在济慈去世之前，在一次航行中，济慈对塞弗恩（Severn）说，他认为'从生活中得到的最大的快乐就是看花朵绽放'。另一次，他静静地躺了一会儿后，喃喃自语：'我感到花朵长在我身上了。'花朵确实生长在了济慈的墓地上，甚至经过了整个冬季，紫罗兰、雏菊，以及新鲜的野草交错生长在一起，用雪莱的话说，这能'让人爱上死亡，认为人死后就应该埋在这梦幻的地方'。如今文学界最先到罗马远足的目的地之一就是雪莱和济慈的墓地。而一些温馨的事则是那些祭拜者们带来的。他们见证了威廉·贝尔·斯科特（William Bell Scott）[1]将十四行诗《题词之上》（*On the Inscription*）、《济慈的墓碑》（*Keats' Tombstone*），以及附着的蚀刻版画，统统加入到了他的诗卷中。值得注意的是，在奥德里奇（Aldrich）的两首迷人的十四行诗中也提到了。我们节选了其中一首诗《三朵花》（*Three Flowers*）：

---

[1] 威廉·贝尔·斯科特（William Bell Scott，1811—1890），苏格兰画家、诗人。其作品往往以浪漫爱情、历史事件为主体，属"前拉斐尔派"（Pre-Raphaelite Brotherhood），是首先记录英国工业革命进程的艺术家之一。

我送你三朵枯萎的花：

第一朵白色，带有金色星星；

第二朵蓝色，像卡普里的洞穴；

第三朵紫色，中间是落日黄，

大教堂的高塔，耸入繁星璀璨的夜空，

低垂的树荫在阿诺河滑翔，

这褪色的紫罗兰，再次生长在兰道的坟墓，

在春日，从兰道的心脏生出蓝色的魔法。

在塞斯提伍斯金字塔的

阴影里发现了雏菊，

与济慈在天堂的灵魂一样洁白。

数百朵三色堇隐藏在

雪莱坟上的草丛中，

用最可爱的眼睛守护他的骨灰。”

这里提到的雏菊和三色堇能让读者回忆起济慈的幻想（他认为“雏菊长在他身上”），以及雪莱的话（“三色堇就是我的花”）。

人们会记得，是因亨特抵达意大利，雪莱才决定踏上那结束他生命的旅程。亨特还收藏了济慈的最后一本作品［包括《拉弥亚》（*Lamia*）、《伊莎贝拉》（*Isabella*）、《圣艾格尼丝之夜》（*The Eve of St. Agnes*）及其他诗歌］，这些是雪莱的尸体被冲上岸后，从他的上衣口袋里找到的。可叹天妒英才啊！为什么上帝要那么早就将济慈和查特顿（Chatterton）[1]带走？我们只能从《恩底弥翁》的献辞中回忆他们。

说到雪莱，不禁让我们想到他的一位朋友。这位朋友每年能从雪莱的口袋里获得一百英镑的津贴，随后该旅程将他带去了美好的地方。萨克雷（Thackeray）在他的作品《霍格蒂家的大钻石》（*The Great Hoggarty Diamond*）中形容这位朋友为“皮科克式的人[2]，一位吝啬的印度职员，不过他倒有

---

[1] 汤姆斯·查特顿（Thomas Chatterton，1752—1770），英国浪漫主义诗人先驱之一，命运悲惨，死后成为后世诗人心目中的反叛英雄。著有“罗利诗篇”系列（*The Rowley Papers*）、《反叛者威廉》（*An Elegy on the much lamented Death of William Beckford*），滑稽歌剧《复仇》（*The Revenge: a Burletta*）等。骚塞为其编全集，华兹华斯、柯尔律治、雪莱、拜伦均受其影响，济慈的《恩底弥翁》就是献给他的。

[2] 此处原文为“one Peacock”，“Peacock”尤指爱慕虚荣的人，又与托马斯·洛夫·皮科克（Thomas Love Peacock，1785—1866）的姓氏重名。皮科克1812年结识雪莱后，二人成为挚友。他还是雪莱指定的遗嘱执行人。1817年曾住在雪莱夫妇位于大马洛的住所附近长达数月的经历，对其日后成为作家影响甚大。

个好去处”。在皮科克（Peacock）的《噩梦隐修院》（*Nightmare Abbey*）中，修道院的所有者——格劳瑞先生的儿子兼继承人辛思坡，是以雪莱为原型而创作的。雪莱也承认了这一事实，并以此为乐。❶

1851 年，乔治·梅雷迪斯（George Meredith）出版了他的第一部作品《诗集》（*Poems*）（现有的藏本极其稀少，价值连城）。这本书于 1851 年 5 月出版，出版地是威布里治，是献给托马斯·洛夫·皮科克先生的，上书“带着他女婿深厚的爱和崇敬”，以及下面这不押韵的四行诗：

雪莱的诗

你是否望见，一只云雀挥动着耀眼的羽翼飞上天空
颤抖得仿佛绮丽黎明之下跳动的脉搏？
它鼓动羽翼飞向天堂里内心渴望的深处，
智慧、美好与爱是它在傍晚带来的宝藏。

❶《噩梦隐修院》（*Nightmare Abbey*），皮科克于 1818 年所著的小说。其灵感来源于他与雪莱的友谊，而且作者乐此不疲地拿浪漫主义运动开玩笑。

02

我们在罗伯特·布坎南的献辞中发现的大多都是引人入胜的自传。他的第一部作品［《低音》（*Undertones*），1863年出版］是献给约翰·韦斯特兰·马斯顿（John Westland Marston）的，献辞如下：

我要将《低音》献给那个人，他的友谊曾伴我度过那四年艰难困苦的时光，安慰我，鼓励我，在我踉跄着要跌入地狱之时在我耳边大喊："勇敢起来！"这本书不献给他还能献给谁呢？这世界不懂你那高贵的灵魂、高尚的思想和亲切的心。你拥有艺术家真正的天性，你对我的友谊，我永远无法报答。请你将这本书收下，权当作我对你的爱戴和尊敬。

罗伯特·布坎南于1866年出版的《伦敦诗集》（*London*

Poems）的献辞页上，有另一位著名人物的名字。这位人物就是威廉·赫普沃斯·迪克森（William Hepworth Dixon）[1]。虽然他的名字不是那么具有男子汉气概，但作者出于对他真诚的感谢而将这本书献给他。

“亲爱的迪克森，”布坎南写道，“这本书是为您题写的。您或许会疑惑地问我为何如此，就让我带着您一起回顾我们的渊源。七年前，我还是个壮志雄心的苏格兰小伙，刺骨的东北风吹得我瑟瑟发抖，是您的一席话鼓励了我、温暖了我。这世上只有两个人初次见面就相信我是为写作而生的，一位是您，另一位是既绅士又有远见的乔治·亨利·刘易斯（George Henry Lewes）。从那时起您就非常了解我，而我也未辜负您最初对我的期望。您敢于赞扬肯定一位名不见经传的作者，这可是百里挑一的美德。《伦敦诗集》也许是我的最后一本‘试写诗集’，我试着将从生活和思想中体悟到的东西都写进诗里。而我大多数的方法也许会与其他作家的方法相混淆，但迟早

[1] 威廉·赫普沃斯·迪克森（William Hepworth Dixon，1821—1879），英国历史学家、旅行家。曾任1851年伦敦世界博览会副总监。后曾任文学刊物《雅典娜》（*Athenaeum*）以及《每日新闻》（*The Daily News*）编辑。

我会将自己的花费减少四分之三（也许是为了成本）。请您收下这本诗集吧，这是我最诚挚的心意，而不仅仅是为了补偿。您的优秀品德我无可置疑。您的正直或许惹怒了流氓，您的沉默或许误导了愚人，但请为您的纯善而快乐，为我们这些敬爱您的人而微笑。”

沃尔特·惠特曼（Walt Whitman，1819—1892），美国诗人、记者、编辑、人文主义者，创造了诗歌的自由体（free verse）。著有《草叶集》（*Leaves of Grass*）、《富兰克林·埃文斯》（*Franklin Evans*）等。

《白玫瑰与红玫瑰》（*White Rose and Red*）（匿名发表于1873年）上的献辞“在华盛顿的朋友们，献给沃尔特·惠特曼（Walt Whitman）和亚历山大·加德纳（Alexander Gardiner）[1]”，描绘了作者在美国的旅行经历，并令我们了解他重要的头衔，以颂扬的话说就是“优秀的灰色诗人”。在布坎南的另一本诗集《圣亚伯和他的七个妻子》（*St. Abe and his Seven Wives*）中，布坎南没有署名，但他以极具画面感又有说服力

---

[1] 亚历山大·加德纳（Alexander Gardiner，1821—1882），苏格兰摄影师，1856年移民美国。其代表作有“美国南北战争”系列（*The Civil War*）、《林肯像》（*Abraham Lincoln*）等。

的语言写了献辞，献给“老丹·乔叟”，他是“智慧的老式英国欢乐”的灵魂和生命。

《奥姆之书》（*The Book of Orm*）中献给 F.W.C 的献辞，温柔又真诚：

花瓣落在洒满月光的墓碑上，

苍白又羸弱，精神之光

使它们生长：带着无尽的爱与祝福

祷告者能获得上帝的庇佑，我送给你！

如果这些枯败的花朵中有一朵能配得上你，

你是这人世间我所知的最甜美的灵魂，

你是这世间我最想了解的温柔灵魂，

那就拿起那朵花，跪下为我祈祷吧。

现在，你缓缓站起身，

我们必须分道扬镳吗？虽然你沿着

你的路前进，我也走我的路，但我们都一路向西

我们都会在上帝之山相遇！

你精致的船帆在阴暗的道路上陪伴着我

并微笑着望着我前进！不久之后就要告别，

将几朵枯败的花插在你的胸口，

让它们的香气唤醒我的朋友对我的记忆！

鲜花的坟墓，不死不灭！就如我对

你的爱一般不朽！同时，我被你

召唤，带着无尽的爱与祝福

那祷告者能获得上帝的庇佑，我送给你！

然而，评论家们对《国王戏剧》（*The Drama of Kings*）的优缺点所做的评论，都直白地写在了这本献给“奥古斯特伯爵的精神”（*The Spirit of Auguste Comte*）的献辞中。

伯爵，望着在法国的这一日，

望着她举起刀剑发动罢工颇为羞愧，

她率先屈服于人性

带着人类的鲜血，向人们新堆起的祭坛火焰下跪。

她第一个敢于站起来反抗，

从来没有储备的鲜血，

一滴一滴，自她的胸膛流出，

她为了解放人类

令自己被束缚又失明

她勇敢的声音释放了西方人的良知。

看啊！她经过时

对人世轻蔑的嘲笑，

在她身后，是何物显得如此苍白憔悴？

烈士与先知

自她的晨昏降生

我们是否遗忘了他们？

人类伟大的伙伴。

他们离去时我们才为其命名，

黑暗，隆重，又缓慢，

伏尔泰，唇角藏着悲伤但双眼仍闪亮，

杜尔哥，马勒泽布，卢梭，

拉斐特，米拉博，

这些伟人逝去，但有更多的人，继承他们的智慧之光。

伟人们最终离你而去，

强大的内心，坚硬有力的额头，

你的眸中盈满了对万物的爱，

面对这些睿智的眼眸，

仿佛明媚天空的光，

你的身影落在地上，使我祈祷的灵魂暗淡。

离去吧，强大的死亡！

我的灵魂得以慰藉

牧羊人在山顶无需祷告者，

最好的崇拜者是

经历苦难后自由的人，

那灵魂独自咒骂着，颤抖又绝望。

接下来我们再来看看《布坎南诗选》（*Buchanan's Selected Poems*）（1882年出版）那混杂着悲痛和希望的献辞“致玛丽”。这篇献辞充溢着作者内心炙热的感情，然而却被轻率的读者和作家所忽略。就让这献辞带着爱意，被轻柔地印刷成铅字。愿没有粗糙的手粗暴地破坏这些精美的语言：

我悲痛欲绝，却仍相信她能在天堂得以重生。我将这些如鲜花般的诗歌放在我深爱的妻子的墓前，她用真诚温暖的双眼，看着它们生长了二十年。

让这本精心挑选的诗集，依偎在玛丽的墓碑旁，墓碑上也满怀爱慕和尊敬的情谊刻着玛丽的名字。这故事多年之后终于完成！

我们之前提到的布坎南的第一部作品《低音》，以《致在天堂的大卫》［大卫·格雷（David Gray），诗人，布坎南年轻时的好友］为序言，以《致在人世的玛丽》为尾声。

尾声是这样写的：

今夜，我的心平和宁静恍若梦境，
辽远的风凛冽尖锐，干枯的野草
在风中起伏，荒野在夜幕下微光闪耀，
白桦树解开它身上的银锁，
在山间小溪畔轻轻摇摆，
在大卫覆满灰尘的墓碑旁摇摆，
明月升起她皎洁朦胧的玉盘。
我那遥远的幻想已破灭，成为现实，
不仅是悲伤，还是忠诚，虽然孤独。
对于爱他的你也是如此，哀悼他那早逝的英灵。
我们对他的感情是相同的，不是吗？
你小巧的手已经给出了答案，我还明白
他的名字让你心中的乐曲舒缓轻快，
好吧，这是因他和你而获得的珍宝。
他在他的天堂，而我在我的地狱，

他的双眸将看到，并乐于看到

你也爱他，虽然你从不认识他。

唉，诗人布坎南的“大卫与玛丽”如今都已升入天堂，但谁又能说，他们对我们来说是陌生人，不为人知晓呢？

文学界中很少有人不知道1871年10月在《当代评论》（*Contemporary Review*）中发表的一篇名为《肉欲诗派》（*The Fleshly School of Poetry*）的文章，并冠以托马斯·梅特兰（Thomas Maitland）的名字。后来，这篇文章被加印并以小册子形式出版，作者罗伯特·布坎南的名字被公然写在作品的扉页上，这篇文章对但丁·加布里埃尔·罗塞蒂的诗歌进行了激烈又彻底的批判。在这篇文章出版的过程中，产生了许多令人不快且怀有恶意的情绪。这种负面情绪不断地生长蔓延，最终导致布坎南对审查员提起诽谤诉讼，诉讼最终裁定向原告补偿一百五十英镑。这件事发生在1876年。而在1881年出版的布坎南的《上帝与人类，一部罗曼史》（*God and the Man, a Romance*）中，布坎南写了以下两节诗作为献辞，送给自己的“老对手”：

我将从你的额头抢走一片月桂叶，
错将花环戴在了荣誉的头上，
如今我平和又温柔地
作为替代将百合花送你。

你的渴望纯洁无瑕，你的歌声无可挑剔，
你的灵魂高贵甜美，愿这奉献永存。
忘记你的错误带来的严厉责备，
并从我这里将礼物拿走！

1882年8月，在同一本书的第二版中又增加了两节诗作为献辞，并用粗体字写着“给但丁·加布里埃尔·罗塞蒂”：

冷静，高贵的死亡礼服穿在你身上，
你睡着了，而你的兄弟站在你身旁哭泣，
上帝的天使们也围在你床边，
轻轻地将我的百合花放在你手中！

我从来不了解你的生活，我的兄弟！

但我爱的百合如今放在你的胸膛，

凭这个标志，我们将相认，

当上帝说“走吧”之时。

在最后一版的序言中，作者写道：

在这部作品首次出版之前，献辞中所提到的“老对手”早已去世。他的名字并没有出现在作品中，如果我有更大的勇气，我一定会这么做。他能理解我的献辞并从它传达的精神上接受它，这对我来说是一种带着忧愁的快乐。我从前低估了他作品的价值，无论我是否诚恳正直，这恰恰证明了我的批评言不符实，也证明了我是从反面、仓促地、毫不留情做出这些评论。但我暂时要与门外汉为伍，并鼓励他们抵御高贵而文雅的文学影响（他们从前便以此为基础，现在也是，可悲地需要着它们），这一定会留给我永恒的遗憾。

因此我们说，万能的时间才是治愈最深伤口的良药。

03

尽管拜伦的某些诗歌和信件总是充斥着讽刺和激动的情感，但他所写的献辞却有所不同，其独到之处就在于从不缺乏司空见惯之物。

献给“约翰·霍巴斯（John Hobhouse）先生，A.M. 先生，F.R.S 先生，等等”，拜伦在 1816 到 1818 年间给多部作品都写了献辞。1813 年，拜伦在自己的作品《异教徒》（*Giaour*）中写道：“献给萨缪尔·罗杰斯（Samuel Rogers）先生，作为一个渺小但真心仰慕他天赋、尊敬他人格、感谢他友谊的人。”次年，拜伦又与罗杰斯一同匿名发表了一部作品，罗杰斯匿名为杰奎琳，拜伦匿名为拉里。“这是一种刻意又不可理喻的结合，但的确能带来一些精彩的笑语。”

“我相信，”拜伦在一封信中写道，“我曾给你介绍过拉里和杰奎琳。我的一个朋友在读这部作品时说，他坐在布莱顿的一辆马车里阅读着‘拉里和杰奎琳’。有位乘客拿起了这本书，与他展开了关于书作者的讨论。我的朋友说：‘这本书有两个作者。’对那位不了解情况的乘客来说，意思就是：‘哎，我想这应该是合写的书，就像斯特恩霍德（Sternhold）和霍普金斯（Hopkins）。’这难道不完美吗？我不会在乎‘邪恶的对比’，逃避成为大家茶余饭后的谈资。”

1821 年 12 月，拜伦出版了剧作《萨丹那帕露斯》（*Sardanapalus*），次年 11 月又出版了《维尔纳》（*Werner*）。《维尔纳》上题写着“献给著名作家歌德（Goethe）”。拜伦的目的就是将这些早期作品题赠给那位伟大的德国作家，并且他将一份手写的献辞寄给了歌德，以亲切友好的口吻征询歌德这份献辞是否能够当作这个悲剧作品的前言。

不巧的是，歌德对此非常不满，拖了很久之后，《萨丹那帕露斯》以没有献辞的版本出版。尽管如此，该献辞还是出现在了随后的版本中，并这样写道：“一位在文学界不名一文的作者妄图以臣属的名义向他的君主表达效忠及敬意。这位文学界伟大的君主，是人世间第一位创造了他本国文学的巨匠，代表了整个欧洲的文学。”

歌德对“伟大的君主”这个比喻甚为满意，从他亲口所说的话中可证实：“在我年事已高时，本人及我的作品被广为人知，我谨对这份献辞中对我的评价表示深切的感谢及羞愧。我不会为自己解释，而会将这当作一位旷世天才送给我的慷慨礼物。”

1817 年，沃尔特·斯科特在《季度评论》（*Quarterly Review*）中对拜伦的作品《恰尔德·哈罗德游记》（*Childe Harold's Pilgrimage*）的第三篇进行了评论，但却是为了讨好拜伦而写。而 1821 年，沃尔特·斯科特在《该隐》（*Cain*）的献辞中适时地承认了这一点。拜伦得知斯科特以“无比崇高的责任感”接受了该献辞后，说道：

我很高兴您能接受那篇题词，我本是打算在《福斯卡里父子》（*The Foscarini*）这本书上为您题词的。但首先，我听说在这两本书之间，《该隐》算是比较好的作品。其次，我在《福斯卡里父子》中的一个注释里骂骚塞是个摸人口袋的小偷，之后我才想起他是您的朋友（尽管不是我的朋友），因而这种含有关于另一个人评论的《福斯卡里父子》不适合作为礼物送给我的朋友。所以今后一旦我收集好那些粗话，我会好好了解一下那位桂冠诗人，之后再评价他。我从孩提时代开始就一直喜欢划船，因为在这个爱好的过程中，我必须说我发现划船是最能让我满足的事，既私密又有诗意。

可怜的骚塞。

“我会好好了解一下那位桂冠诗人，然后再评价他。”说得好像拜伦之前不“了解”他一样。1818 年，拜伦在写给摩尔的一封信中提到了《唐璜》（*Don Juan*）：“我已经完成了长诗的第一篇章，采用的是《贝波》（*Beppo*）的风格和写法……还有一部作品叫《唐璜》，它能将每件事物都写得滑稽。但我疑惑至少就它所到之处而言，它在这温度适宜的天气里是否还能够自由。《唐璜》用美好、简洁、粗鲁的诗篇作为给骚塞的献辞，奉行他的行事理念及方式。”

我们将十七节献辞中的前三节展示出来，让读者来评判它的美好、简洁和粗鲁：

鲍勃·骚塞！你是个诗人——桂冠诗人，

是一切种族的代表，

尽管最后你的确是个保守派，

这在最近来说也不过是常事。

我的头号叛徒，如今又有何贵干？

你和所有的湖畔诗人，还在那里吗？

那悦耳动听的诗人群集之处，

在我眼中如同二十四只乌鸦在嚎叫。

“他们开始乱叫，唱起了歌”，

（古老的歌，新鲜的笑容，寓意着美好）

“在国王或摄政王面前摆放的美味佳肴”，

谁会喜欢这种食物，

就连柯勒律治最近也长上了翅膀，

却像一只老鹰拖着他的头巾，

向整个民族解释他的玄学，

我倒希望他能解释他的“解释”。

而你，鲍勃，你知道吗？你更加傲慢，

你会在你的愿望中受挫，

妄想取代全天下所有的鸣鸟，

让自己成为那里唯一的乌鸦。

随后你或许会过度拘谨，

像条飞鱼一般颤抖地落下，

掉在甲板上不住喘息，因为你从前飞得太高，

鲍勃，

你会缺少水分而掉下来，变成干涸的鲍勃！

“尽管拜伦非常不情愿，但这份献辞还是在 1819 年被禁止出版。因《威斯敏斯特评论》（*Westminster Review*）中的一篇文章，拜伦死后，这份献辞就变得臭名昭著，这通常被归咎于约翰·霍巴斯爵士（Sir John Hobhouse）。”多年来，这份献辞只能在路边摊售卖。

1821 年，骚塞发表了一首英文六部格诗，命名为《审判的幻景》（*A Vision of Judgment*），前言中对“撒旦派”的诗歌表达了一些辛辣的批评。在观察了自己诗歌独特的诗律风

格之后，骚塞继续写道：“如今我深知广大读者非常难以接受这种样式的创新。其抵触程度完全不低于民众对异国风格的抵触，无论是浮华还是朴素的风格。

“但愿对文学的不容忍是更加理智判断的结果，更重视道德而不是文学作品的风格，更重视精神而不是形式！但愿它能与恐怖、嘲弄、下流、虚伪的畸形形式直接对抗，正是因为这些荒谬的东西，今日的英国诗歌才被玷污！……这些批评言论完全逊于那些人应得的惩罚，甚至对于那些道德沦丧的作家来说都不算严重，因为他们根本没有意识到自己写的作品中包含着多么邪恶的意图。他们或许会承认自己的文字有一点点轻浮，有一点点温暖的色调等。既然如此，那些自私疏忽又酗酒的放纵青年为什么不能为自己辩护？而那些意识清晰、另有目的的作家能够为自己辩护？他们这样说就是为了粉饰自己的邪恶意图，自欺欺人。

“心理扭曲、思想堕落的人，为自己令人不快的行为编造了一系列开脱的说辞，违反人类社会最神圣的规则，并且憎恨富有启示的宗教，但他们自己却无法完全不信。尽他们全部的力量和愚勇，用精神上的病毒侵蚀他人的灵魂，让别人变得与他们一样卑鄙！他们建立的学派或许可以被称为‘撒旦派’。因为他们作品中色情的部分受恶魔精神的影响，他们残忍恐怖、令人憎恶的想法受到‘摩洛[1]精神’的影响，而这些都是他们想要展示给世人的。尽管他们受了恶魔精神和摩洛精神的影响，但撒旦精神中的高傲、鲁莽及不忠，对他们的影响还是最显著的。撒旦精神也让同一学派的人感到无望和痛苦。”

拜伦再次加入了诋毁骚塞诗歌的行列，好像一个人“亵渎神明的行为如同《瓦特·泰勒》（*Wat Tyler*）的煽动性语言一样无害，因为这与那部真诚的作品一样可笑”。拜伦还说：“在这个自大的三流作家笔下充斥着荒唐可笑和亵渎神明的内容，他所有的工作就是为了处理发生在他同伴身上的诅咒和毁灭。”

为了回应拜伦的诋毁，骚塞又于 1822 年 1 月 5 日给《伦敦通讯》（*London Courier*）的主编写了一封信，内容如下：

---

[1] 摩洛（Molech）：上古近东神明的名号，古代迦南人所拜祭的神明。古文献提及此神往往与火祭儿童有关。

拜伦勋爵阁下称呼我为十足的三流作家，我认为非常不恰当。就让三流作家这个称呼过去吧，毕竟这只是个称谓，不会长久不衰，就如同撒旦派一样。但如果是个三流作家，我是如何成为他们中的一员的呢？我要告诉拜伦我没有乱写，我也没有写过那种文章。我从来没有诽谤过我的朋友和熟人，我对那些诽谤感到忧伤。在心情好的时候我会去拜访我的朋友们，而当之前被清除的负面情绪再次回归来掌控我的思想时，我就会将比它邪恶七倍的人再赶出去。每位作家都在某种程度上具有一些能力，我并没有滥用我的能力去伤害男人和女人的心。我从不畏惧在我写的每一本书上署名，即使有狡猾的书商盗版我的书，我也不怕在法庭上承认。我从未为妓院写过文章。

这些事我都没有做过，我没有做过这些邪恶的事，没有歪曲文学、中伤人类。我的手是干净的，手上没有“该死的污点”，没有“用阿拉伯香水都熏不香”的污点。我已经完成的作品让我不必在这里辩解，只是因为这与撒旦派有关，还因为撒旦派的领导者——《唐璜》的作者拜伦。我认为撒旦派已经引起了国人的厌恶，就如同一国宗教、制度和道德的敌人。我已经给了撒旦派创始人和领导人一个警示。我已经用投石机击出巨石，正中该派领导人的额头。我已经将他的名字绑在了绞刑架上，让他承受唾骂和责备，只要他能承受。谁能将他放下来！

这一切最终的结果是，拜伦通过道格拉斯·金奈尔德（Douglas Kinnaird）的媒体被派遣，因为他对“桂冠诗人”来说是一个威胁。金奈尔德觉得这一切都颇为荒谬，“把拜伦勋爵这些充满火药味的信都扔了，直到他去世骚塞都不会给他回信”。

而骚塞接受了拜伦的挑战，写了以下这封回信，但同样“在去世之前都没有收到他的回信”。

拜伦先生，

收到您的来信我深感荣幸，并立即给您回信，不敢有丝毫延迟。

在此类事件中，我认为双方应站在同等的高度上。但在你我达到同等的高度之前，必须先完成三件事。这三件事实现之后，还有第四件必须要做的事，然后我们才能在赛场上平等对决。

首先，你必须先结婚，并生下四个孩子。如果四个都是女孩我会非常为你高兴。

其次，你必须保证你给孩子们的花费绝大多数都是通过你的劳动得来的。而且要保证你在欠了四千英镑的前提下不会被绞死，不会自杀，不会死于决斗。基于这些条件，我已经给自己的人生上了一道保险，也是为了我妻子和女儿们的利益考虑。

再者，我要在竞选演讲及其他没有那么公开的集会时，向大家公布三个关于你的不实言论。而如果你不能做到第四点的话，我不会做第三点，也不会以你期待的姿态出现在你面前，那就是：你要让我放弃信仰基督教。

如果你能将这些悉数完成，那么我们之间的战争，就不再需要比染黑墨汁和修补钢笔耗费更多的钢铁；也不需要比《爱丁堡评论》（*Edinburgh Review*）印刷文章消耗更多的铅。尊敬的先生，我很荣幸能在深思熟虑之后在落款签上自己的名字。

罗伯特·骚塞

在第二版《英国诗人和苏格兰评论家》（*English Bards and Scotch Reviewers*）出版之际（第一版前言中有拜伦的名字），摩尔给拜伦写了一封简明扼要的信，对书中的一篇文章提出索赔。他认为那篇文章曲解了他以前说过的一句话："与杰弗里（Jeffrey）先生若干年前的私事。"

这封信一直没有落入拜伦的手中，但在次年，拜伦礼貌地对那篇冒犯了摩尔的文章进行了解释，由此拜伦与摩尔之间萌生了友谊。也正是因为这件事，摩尔成了拜伦的传记作者，这才诞生了如今的经典作品《拜伦传及书简集》（*Life, Letters and Journals of Lord Byron*）。

1814 年，拜伦在《海盗生涯》（*The Corsair*）中为自己以后的传记作者摩尔写下了这样一段温暖的话：

我迫切渴望借此机会用一个名字来装点我的作品，以我坚定不移的理念，和才华横溢的你，将我的作品变成经典，这一点毋庸置疑。当爱尔兰将你列入其最坚定的爱国者的行列，你站在爱尔兰吟游诗人的前列独领风骚，英国重申并签署一项法令，允许那些不只热爱本国文学的人，卑微但真诚地为友谊付出。

1808 年，拜伦在《拜伦诗集》第二版中题写道：“献给弗雷德里克（Frederick）阁下、卡莱尔伯爵（Earl of Carlisle）、嘉德骑士（Knight of the Garter）……来自忠诚的卫士以及深爱的亲人，作者拜伦。”而在次年三月，《英国诗人和苏格兰评论家》见之于世，其中明显可见拜伦对自己这位高贵的亲戚——卡莱尔伯爵的感情已经发生了变化。以下这几句诗是拜伦特地写给卡莱尔伯爵的：

就算是乘坐马车的艺术女神缪斯也不会屈尊

向青涩的拜伦和成熟的卡莱尔微笑。

就像微不足道的学徒，如果他能摆脱愚蠢，

人们才能原谅他从前的错误，

但谁去体谅前辈从不断绝的诗句？

因他的诗韵如日益花白的发丝一般苍白。

以何种扭曲的荣誉去装点贵族？

我的主人，蹩脚诗人，小管家，小册子作者？

年轻时那么无趣，到了如今的年纪又如此愚蠢。

仅是他的下场就在谴责我们正在没落的舞台，

但执政者曾大喊：“保住你拥有的就足够了！”

不要用悲惨的东西来迷惑群众。

在《英国诗人和苏格兰评论家》的手稿中，前两句诗起初不是这样的，而是：

阿波罗只为一人绽放微笑，

并在新罗斯康芒为卡莱尔加冕。

之后的版本又进行了大刀阔斧的修改：

缪斯不会用刻意的笑容欢呼，

卡莱尔无力的呜咽。

在同一首诗此后的版本中，拜伦又在其后附上几句话，进一步暗指卡莱尔：

“你们也许会问我，为何要责备我的亲戚兼监护人卡莱尔伯爵？甚至几年前我还在一首幼稚的诗中为他写了献辞。因为卡莱尔的监护人身份只是名义上的，从没办过什么实事，连我自己也是不久前才发现他是我的监护人的。而对我们之间的关系，我深表遗憾。身为贵族的他似乎忘记了这一点，而我对这一点却非常重视，我不会让回忆成为我思想的负担。个人生活阅历的差异不应成为人们不公正对待有亲戚关系的文人的原因。

“或高贵或卑贱的作者们，几年来用大量各种各样或传统或威严的废话，来欺骗‘眼光犀利的大众’（如同广告中所说），我不明白作者们为何要如此抵制。另外，我没有站在一边骂卡莱尔伯爵：他没有一本书的观点与其他贵族文学家一致。若是在我成年之前说过任何我喜爱他贵族式作品的话，那一定是因为惧怕才说的，大多都是别人的观点，而非我自己的判断。如今我抓住了这次机会发出我心底真实的声音，我要否定我之前自己对他的论调。我听说有人认为我欠了卡莱尔伯爵的债：若有如此，我甚是乐意得知我欠了什么，何时欠下的，这些应该让大家都知道。对于他出版的作品，我应该低声下气地提出意见。若是必要的话，我会引用一切印着他姓名和徽章的挽歌颂诗，以及滑稽又考究的悲剧作品来支持他。”

> “如何才能使恶棍、蠢货和懦夫成为贵族？
> 哎！并不是所有人的血统都像霍华德那样高贵。”
> 教皇这样说道。阿门！

拜伦为何会发生这样的转变？他的传记作者摩尔以自己的理解做出了解释：“今年（1809）年初之前，拜伦就带着自认为已臻于完美的讽刺文学作品来到伦敦，想要将其出版。然而，在那部作品出版之前，他因被人忽视而大为光火。忽视他的人就是被他视为监护人的卡莱尔伯爵。这个高贵的人和他的监护人之间的关系无论从哪方面来说，都从未有过友谊、友爱和文明。如果没有发生这些，拜伦也必会将他的火暴脾气和影响力归咎于他和卡莱尔之间不断疏远的结果。

“正如我们从拜伦的信件中所见，卡莱尔伯爵收到拜伦第一部作品的献辞所表现出的冷淡，深深伤害了拜伦。而拜伦强迫自己要谨慎考虑，既要排解自己不快的情绪，还要全身心投入进讽刺文学作品的创作中。因为他最初的目的就是要将这部作品出版，于是他写了下面的话来恭维卡莱尔伯爵：

阿波罗只为一人绽放微笑，

并在新罗斯康芒为卡莱尔加冕。

“但那顶冕冠得来太易，没能佩戴太久。初次处在这个位置上的年轻人都普遍认为，需要一些能为自己做背书的朋友，所以在写下这两句话到将手稿交给出版社这段时间，拜伦写信给卡莱尔伯爵提醒他自己已经到了可以参会的年纪。然而，与拜伦所期待的回复相反，他收到的仅仅是一份语言正式又冷酷的回信，对于他所请求的事，卡莱尔伯爵只告知他解决这种事情正规严肃的方式。在这种情况下，拜伦完全有理由认为他的监护人卡莱尔对他不甚友好。卡莱尔对于将拜伦推荐进机构（一种仪式，举办这种仪式绝不是必要或平常的）的迟疑，足以在拜伦敏感脆弱的内心中激起对卡莱尔的怨恨。他的怒火终于找到了一个宣泄口，就是上面那两句讽刺的话，但因太引人注目而被立刻删除。拜伦的讽刺文学作品出版后，其中也充斥满了对卡莱尔伯爵讽刺咒骂的诗句。”

从拜伦放在女性脚边的那本诗集的题词中，我们都能想起那种温暖的感觉，想起他充满激情的表达方式，而这种方式我们也能经常在雪莱的献辞中找到。1812 年，拜伦在《恰尔德·哈罗德游记》的第一篇章中，为夏洛特·哈雷夫人（Lady Charlotte Harley）（准将培根未来的妻子）写了一首诗作为献辞，那时他还不到十一岁。

献给艾安西

我后来并不是在那些地方迷了路，
虽然在那里，美好的事物无可比拟，
我的心并没有在那些美景中显露，
它在叹息但却只能做梦，
在现实或幻想中似乎有类似于你的事物，
见到了你，我不会再徒劳地寻找

寻找如何画出闪闪发光的符咒的方法，

寻找见到你时还能交谈自如的方法，

寻找那些将视线集中在你身上的人说了什么话。

啊！也许你曾经也是如今的模样，

不会违背你春日的誓言，

就像你的容貌那般美丽、温暖，然而心灵如此纯洁，

爱情的形象不需翅膀便降临在人间，

且比希望的形象更为淳朴！

当然，她如今温柔地培养，

你生命中的青春，每时每刻都在闪着光芒，

瞧她未来几年彩虹般的日子，

之后她所有的悲伤将会消失。

“西方年轻的仙子！”很适合我，

我的年龄已是你的两倍，

我爱意渐稀的眸子会坚定不移地凝视着你，

平和地看着你成熟的风韵闪闪发光，

快乐，我不想看到它们减少，

你更加幸福，那一瞬间所有年轻的心都会流血，

我会逃离厄运，

你的眼神落在那些赞赏的人中便会成功，

即使幸福的时光留驻，但还会夹杂着爱情的折磨。

啊！让那双眼睁大如羚羊，

如今明亮英勇又绝美羞赧，

在徘徊时获胜，在思考时灿烂夺目，

阅读这一页，我的诗歌不会否认

为了那笑容我徒劳地叹息，

我对于你曾不只是朋友，

亲爱的少女，这足够符合；也不要问

我为何会称赞年轻人，

但请用缀着百合的花冠投向我。

你的名字与我的诗歌交缠，

直到你目光能停留

在哈罗德这本书之上，被供奉的艾安西

初次被人所见，最后忘了：

我曾经时日无多，这份对过去的致敬

能否吸引你纤纤玉指靠近七弦竖琴

它向你致敬者，你是如此美好，

这就是我最大的渴望，

虽可以要求多于希望，但却不需要友谊。

应拜伦的请求，韦斯托尔（Westall）为拜伦画了一幅《美少年》的肖像。这幅画后来被印在了法登的《拜伦的生活与作品》（Finden's *Life and Works of Lord Byron*）中。

1819 年夏，拜伦在伯爵夫人奎丝欧莉（Guiccioli）的怂恿下写出了《但丁预言》（*The Prophecy of Dante*），并为伯爵夫人写了两节献辞，并非十分有趣，也没什么特别的优点：

夫人！若我是在寒冷阴霾之处

诞生，但我不会在那里死去，

对于伟大的意大利诗歌之父

我敢于模仿韵律，

粗糙的古北欧文字是索思的崇高的再生，

你就是缘由，无论如何

我无法达到他不朽的和谐，

你温柔的心会原谅我的罪

你，因年轻貌美而骄傲，

我曾说过，为你而说并信守，

但只有在阳光灿烂的南方

才能发出这种声音，展现此番魅力，

从那么娇美的嘴唇说出如此甜蜜的话语，

啊，还有谁不能被说服？

更有趣的是，拜伦写的献辞是他作品的灵感起源。摩尔写道：

我从威尼斯离开时，拜伦向我承诺说会来拉文纳看望我。这里有但丁的墓地，成片的古松木，以及被发现的令人眼花缭乱的古迹，这些为我提供了足够的理由邀请他到来，也足够让他接受我的邀请。拜伦在 1819 年 6 月到达拉文纳，那天刚好是基督圣体节。这时他不能写书，因为他的马出了问题，还有威尼斯的很多琐事拖住了他。我请求他写些关于但丁的东西来让我高兴，他以平日的灵巧和才思敏捷，完成了这本《但丁预言》。

04

谈到献辞，我们就不得不回忆起，在当代伟大的作家中，有两位显然找到了未来——那超越死亡都要抵达的未来。

马克斯·缪勒（Max Miiller）教授以他满腔的父爱回忆说，他的女儿曾经就是他的生命和光明。在他 1878 年的作品《希伯特演讲》（*Hibbert Lectures*）中，马克斯就写了这样的题词："亲爱的她鼓励、引导、支持我写这部作品，因此，这部作品就是父爱的纪念。"这爱与诗意，是对那些逝去时光的真实纪念。而以下凯南的《耶稣的一生》（Kenan's *Life of Jesus*）献辞中的闪光之处还不止这一点：

献给我姐姐汉丽·埃塔（Henri Etta）最纯洁的灵魂，她于 1861 年 9 月 24 日在拜布洛斯去世。你在上帝的怀抱中可还记得，在加齐尔那些漫长的日子里，只有我和你相伴，受我们一同走过之处的启发，我才能写下这篇文章？你静静地坐在我身边，在我写作的同时，你便已在阅读并抄写了。无论是大海、村庄、峡谷还是山脉，都在我们脚下铺展开来。当明媚灿烂的阳光让位给数以万计的星辰，你机灵而微妙的问题，你谨慎的怀疑，都让我回归我们共同的崇高目标。某日你告诉我，这本书是你的最爱，因为它是你与我一同完成的，并令你欣喜不已。虽然你有时害怕狭义轻率的判断，但你依然说服所有虔诚的教徒都爱上了这部作品。在这美妙的沉思当中，死亡天使的羽翼已降临在我们头顶：高烧让我们同时昏厥，但只有我一人醒来！……你如今在亚多尼斯的土地上沉睡，那里临近圣洁的拜布洛斯和神圣的溪流，古代神话中的女人曾在这溪流旁哭泣。伟大的上帝，请告诉我你爱的是谁，告诉我能够征服死亡的真理，使死亡不再可怖，甚至让死亡受人们敬爱。

1859年，约翰·斯图尔特·穆勒（John Stuart Mill）在其作品《论自由》（*On Liberty*）中也为汉丽·埃塔写了献辞，穆勒是汉丽·埃塔的灵魂伴侣：

对我来说，这部作品献给我深爱又悲悼的她。她为我带来灵感，让我写出作品中最精彩的部分。她是我的妻子，亦是我的朋友，她崇高的真理和正义意识是我最强大的鞭策，她的赞美是我最好的回报。我多年来所写的作品，不仅属于我，更是属于她的。在某种程度上，这部作品已经在她的修改之下，拥有了难以估量的优势。其中一些很重要的部分已经被保留，留待再一次仔细检查，这些部分如今还不一定会被收录。那些随她一同被安葬的伟大思想和高尚情操，我若能向世人诠释得一半，那我将是一个更有价值的传达媒介。相比之下，未从她超凡智慧中获得启示和助益而写下的任何文字都要逊色得多。

与前文提到的献辞有某种类似感觉的是，S.C. 霍尔（S.C.Hall）在他的作品《会议的韵脚》（*Rhymes in Council*）写的前言。这才是真正的献辞，虽然正式版本的措辞是这样的：

受女皇亲准，这本富有诗韵的格言是献给女皇的孙子的。

我们所说霍尔所写的前言是：

鉴于这献辞是在印刷过程中写的，献给我漫长旅途的另一半，她是我毕生工作中的伙伴，我的朋友、导师和妻子。距她离世已经五十六年了，离开我，离开爱她的朋友们，以及她热爱的公众。她的第一本书于1828年出版（之后我想也许她还出版了250本书），这些诗歌几乎不比我的少。我努力地使自己谦逊，但又充满热情和虔诚。我希望自己正直善良，富有爱心和同情心，温柔又有广阔的心胸。我的工作需要我富有人性、耐心、美德、虔诚、信念和慈善，我会尽力去弥补，而这些都是她给我带来的灵感。这本书虽然是我写的，但我希望能将这本书当作对她的纪念。

这些话里没有任何虚情假意，如同真理一般直击心房。也因为这一对夫妻，让我们想到另一对也非常幸福快乐的夫妻——查尔斯和玛丽·考登·克拉克，他们之间在很多方面都十分相似。玛丽在《作家回忆录》的前言如是说：

查尔斯和玛丽·考登·克拉克在其读者的心目中一定是一对最恩爱的夫妻。他们在一起四十八年，一同写作、阅读、工作，一起享受完美的爱情和文学合作。但如今只有她一人在这里签名，她感到非常遗憾。

读者最忠实的仆人

玛丽·考登·克拉克

THE PLEASURES OF A BOOKWORM

爱书者书房的奇特角落

爱书者收藏的每一样东西，都与其他事物有些不得不说的故事，或与他奇特的幻想有关。

——伯顿《猎书者》（Burton's *Book-Hunter*）

前不久，一位知名作者出版了一部作品，内容是关于生活必需品的，他在作品中极力推崇可食用小牛肉，因为可食用小牛肉是既洁净又简便的食物。从旧书店里不起眼的角落抽出的小众书，以及有特殊联系的书，都被归为现存的奢侈珍藏之列。这些书有的带有东方独特的香气，还有的蕴藏着夏夜梦中的秘密。

我亲爱的读者，我左手边那个小核桃似的休息处，就像我现在坐着的地方，是我的社交角落；我的豪华座椅，是我在房子里最喜爱的地方。我的几个书柜有半面墙那么高，延伸至房间的其他角落（除了卫生间、卧室和餐厅），上面整整齐齐排满了可轻易取阅的伟大作家们的作品。它们每天陪着我，为我的生活和工作带来健康和力量。那个我悄悄告诉你的地方，就是我休息和做梦的角落。至少对我来说，它让我忘记了：“生活是现实的，生活需要脚踏实地”。

我的个性似乎消失了，完全沉浸在这些书当中，与作者们和这些书之前的主人相伴。与那个小角落相比，紫罗兰色的床都不再柔软舒适。

在我期望的未来，我希望能找到一处宁静的荫蔽，能让我享受甜蜜的梦乡……平静的呼吸。

在我目之所及处的书，似乎都在微微战栗着提示我，恐怕它们包含了太多曲折的故事，在这里不能详细解释。就让它们这样“战栗”吧，直到累了它们就不动了。

你不要嫌弃最上面一层的书架不是木板做的，那放着红的绿的以及小牛皮包裹的书，有些很洁净，有些却问题很多，这些都是兰姆的作品。其中第一本一侧靠着墙，是用一张薄纸覆盖的年鉴，上面写着“日历说明”，面朝着书架上有木头刻痕的那边。这本用琐碎的事考究地写成的作品中，其中一个说明瞬间便吸引了我的注意，就像一位男孩遇见了“温柔的伊利亚”，它理应受到尊敬。

从这里往下看都是兰姆文学作品的早期版本，包括《莎士比亚故事集》（*Tales from Shakespeare*）在内，都是由布莱克（Blake）和马尔雷迪（Mulready）设计的。停下来估算一下，不包括从杂志及报纸上裁剪下来且装订的文章，这里一共有 19 本书。其中包含了大量有价值的资料，并且涉及印度幽默作家。

然而，我一定会注意到安杰（Ainger）先生那本令人钦佩的作品，像哨兵一般笔直，《伦敦社会》（*London Society*）中的数字，这都应该归功于查尔斯·马修斯（Charles Mathews）关于新鲜的熟奶酪——斯提尔顿奶酪的故事。斯提尔顿奶酪的美味，让兰姆自愿从家步行去奶酪店。P.G. 帕特莫尔的《吾友与相识》(*My Friends and Acquaintance*)[1] 和 S.C. 霍尔的《记忆》（*Memories*）都可以算作“兰姆式文学”，还包括黑兹利特的《时代精神》（*Spirit of the Age*），卡莱尔的《回忆》

---

[1] 原文误为“*My Friends*”。

（*Reminiscences*），还有不太属于“兰姆式文学”的皮博提（Pebody）的《工作中的作家们》（*Authors at Work*）。

放在第二层书架上的书如随时待命的忠仆。我差点都忘记了利顿爵士（Lord Lytton）的《卢克丽霞》（*Lucretia*）为什么要被归在这里了。但当托马斯·格里菲斯·瓦尼莱特（Thomas Griffiths Wainewright）的恐怖故事在我脑海中闪过，我便什么都想起来了。利顿爵士的小说是建立在作品《伊利亚随笔》（*Essays of Elia*）中“快乐的两面神”的基础上的，他是“《伦敦杂志》一流的文艺批评者，黑兹利特、德·昆西和巴里·康尔沃（Barry Cornwall）的朋友”，并且最终因一桩犯罪而可耻地死去。这也印证了乔治·戴尔（George Dyer）在《诗人的命运》（*Poet's Fate*）中所写的内容。兰姆曾非常温柔地称乔治为“可怜的乔治”，在一封写给柯勒律治的信中还肯定地说：“对乔治来说，所有的诗人都是好诗人，所有的人都是天才。”

在这本书的旁边，是查尔斯·劳埃德的《杜克·德欧蒙德与男中音》（Charles Lloyd's *Duke D'Ormond and Beritola*），于1822年由朗曼出版。这显而易见是给朋友的赠阅本，在扉页上还有作者的签名。但那本书被锁起来实际上是因为某些书页没被切开，连在一起了！就让它们永远责备这狭隘的友谊吧。如果要找作者算账，那位朋友应该将这本书通读一遍，并且头脑清晰地在书中画上许多标注线。哦，这样的礼物，我承认要从作者的笔下挑出几句奇怪的话写进我们自己的文章——挑几句话来报仇——着实不易。就让它们牢牢粘在一起，即使让大力士来拉都不能使其分离。

唉，或许我们“现在的版本”还是没有完全切开。人们会记得劳埃德、柯勒律治和兰姆一同完成的那本小小的诗歌集，于 1797 年在布里斯托尔出版。劳埃德偶然间碰见兰姆和他的妹妹，“并发现他们沿着霍斯顿区的一条小径一起慢慢踱步，而且都在悲伤地哭泣。劳埃德上前询问才得知，他们是要前去收容所。”至于在那家收容所度过的时光，玛丽·兰姆（Mary Lamb）称从来没有“将那里当作自己的家”。兰姆对劳埃德非常尊重，这一点我们可以从 1797 年兰姆写给劳埃德的诗句中得知，其中包含以下两行诗：

我不认为自己多么卑贱，

因为劳埃德时常想念着我。

与劳埃德独立完成的作品相邻的几本书，是伯纳德·巴顿（Bernard Barton）的《业余诗人诗集》（*Poems by an Amateur*）、《诗集》（*Poems*）、《拿破仑》（*Napoleon*）和《诗意的守夜人》（*Poetic Vigils*）的首版，以及作者巴顿去世后，由其女儿编辑出版的《书信与诗歌》（*Letters and Poems*）。对于巴顿作品最准确的评论，就是兰姆与 P. G. 帕特莫尔曾经在对话中说的："无论如何，他写的不是废话。他的作品风格沉郁，但并非毫无意义。他同时也用英语写作，当时的杂志诗人可没几个会这么做。"如今回顾我收集巴顿这些作品的日子，我唯一能记得的就是兰姆认为巴顿有足够的价值，只能以他的方式能求得以下这封著名的信。信中包括一些文学青年写的载着回忆的句子，以及最诚挚的祝福和最狠毒的诅咒，自这封信第一次出版，这一切已经发生在文学青年身上："你不理财，财不理你。不要相信公众：为了任何值得的人，你可能会绞死、饿死、溺死你自己。"无论这些话多么美妙动听，可如今年轻时那些狂野又不可置信的梦想早已逝去！

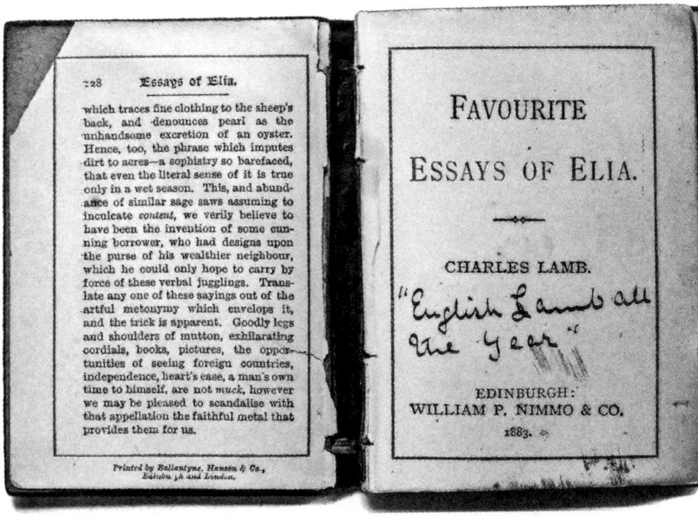

128 Essays of Elia.

which traces fine clothing to the sheep's back, and denounces pearl as the unhandsome excretion of an oyster. Hence, too, the phrase which imputes dirt to acres—a sophistry so barefaced, that even the literal sense of it is true only in a wet season. This, and abundance of similar sage saws assuming to inculcate *content*, we verily believe to have been the invention of some cunning borrower, who had designs upon the purse of his wealthier neighbour, which he could only hope to carry by force of these verbal jugglings. Translate any one of these sayings out of the artful metonymy which envelops it, and the trick is apparent. Goodly legs and shoulders of mutton, exhilarating cordials, books, pictures, the opportunities of seeing foreign countries, independence, heart's ease, a man's own time to himself, are not *muck*, however we may be pleased to scandalise with that appellation the faithful metal that provides them for us.

Printed by Ballantyne, Hanson & Co., Edinburgh and London.

FAVOURITE

ESSAYS OF ELIA.

CHARLES LAMB.

"English Lamb all the year"

EDINBURGH:

WILLIAM P. NIMMO & CO.

1883.

查尔斯·兰姆《伊利亚随笔》

谁又能用适宜的哀婉动人的词句讲述我们接下来要看到的这本封皮灰暗的八开本小书的故事？这本书是但丁·罗塞蒂翻译的《意大利早期诗人》（*Early Italian Poets*），由史密斯—埃尔德公司于1861年出版。罗塞蒂还为这本书设计了卷头插画，这幅插画之后被转载在1883年10月那一期的《英国插画杂志》（*English Illustrated Magazine*）上。但在这本书的最后一页，在勘误表的下方，出现了这样一则广告："近期即将出版《但丁在维罗那和其他诗歌》（*Dante at Verona and other Poems*），作者为D.G.罗塞蒂。"而这之后，无法阻挡的悲剧降临在作者的生活中，并且用它那可怖的手阻止了作者的出版之路。这还用我再说明吗？次年，《但丁在维罗那和其他诗歌》被放进了他妻子的棺材，与他妻子躺在一起。在那段日子里，罗塞蒂告别了他的梦想。名利对他而言一文不值，他的生活失去了目标，因为他美丽又挚爱的妻子被命运从他身边残忍地夺走了。他的妻子在那陌生的安息之地躺了七年有余，最后在他挚友们恳切的劝说下才将她挖了出来。他不能忍受世界将他挚爱的妻子永远夺走，或者只是他的诗才需要诗意的认同。

在《意大利早期诗人》旁边的那本书，就是延迟出版的《诗集》（*Poems*）的首版，于1870年出版，正是因为这部作品，公众将罗塞蒂列为彼时在世的伟大诗人之一。

看过了罗塞蒂的其他作品（其中之一是《意大利早期诗人》的影印版）和威廉·贝尔·斯科特的《画家的诗集》（William Bell Scott's *Poems by a Painter*），以及完整版的《诗集》［斯科特著，阿尔玛·塔德玛（Alma Tadema）画的蚀刻版画］，还包括斯科特写给斯温伯恩、罗塞蒂和威廉·莫里斯的《献辞记录》（*Dedicatio Postica*），现在我们要讲到的这五本书同样为我们讲述了扣人心弦的故事——诗人与不公的命运奋力斗争，战胜了人类善变且意志不坚定（如果不是命定）的天性。

其中的四本书是四位苏格兰男性作家的作品，即大卫·格雷（David Gray）、约翰·白求恩（John Bethune）、威廉·索恩（William Thorn）和罗伯特·尼科尔（Robert Nicholl）。第五本书的作者是苏格兰女性作家珍妮特·汉密尔顿（Janet Hamilton）。

我们应该都知道可怜的大卫·格雷的故事，他是罗伯特·布坎南早期斗争时期的朋友和伙伴：他是如何带着毫不掩饰的野心和未经训练的能力来到伦敦的；他又是如何写出作品《木桶》，却在刚刚踏上生命的战场就英年早逝的。

第二本书的作者约翰·白求恩的故事黑暗又奇诡："他是个艰苦的体力劳动者，他渴望成为园丁或林务员，月复一月地做着敲碎路上的石头的工作。他 17 岁时，在棕色纸袋和每一块能写字的破布上写作，他的膝盖就是他的书桌，从做苦工和睡觉时挤出仅有的时间来试着写考珀的《任务》(*Task*) 这种具有教诲意义的诗歌。在他尝试着写遍各种类型的文学作品之后，不到 30 岁就结束了他悲剧而可敬的一生。" 这是一种怎样的人生啊！

第三本书的作者威廉·索恩曾是敦提的一名普通织工。由于一些商行破产，他发现自己和家人就要因每周不稳定的收入而面临挨饿的困境。他典当了所有的财产，用典当来的钱参加了一个猎书探险队，这些细节都写在他的作品《押韵与回忆》(*Rhymes and Recollections*) 的前言中。索恩用悲痛恳切的文字，向读者们描述他的旅程，如何"穿过那个令人厌恶的歌舞升平的世界，穿过荒无人烟的街区，不知道自己今晚能睡在何处，也不知道明日的坟墓在何处”。以一位父亲全部的柔情以及诗人对细节生动的捕捉，索恩将自己小女儿的死归咎于“他们拒绝在几间农舍中躲避，而是暴露在寒冷的冬夜里过了一夜”。他还写到自己是如何在那个黎明站起来的，“茫然地望着麻雀在树上扇着翅膀旋转，直到他找到某人能说说他女儿的葬礼。”

在梅思文的某个夜晚，索恩的口袋里只剩下五便士，还在努力为自己找一处能躲避寒风、可以睡觉的地方。但那个旅馆睡一晚要六便士，而且还不能让疲惫的旅行者脱掉他们的“鞋”。为了得到那一便士，索恩拿出他的长笛放在嘴边，吹奏了一曲《森林之花》（*Flowers of the forest*）。还有一次，索恩已经在亚伯丁的一处避难所中找到了可以休息的处所，但在收到了其诗歌《盲人男孩恶作剧》（*The Blind Boy's Pranks*）五英镑的报酬之后，他就被扫地出门了。索恩是如何承受这像铅一般沉重的悲痛的？他是这样解释的：

先生，生长在不同环境下的人很难想象他是何等矛盾，出生在缺少母爱的家庭，他必须战胜极度贫穷，却还保有诗人的气质——最糟的是正因如此，才让他的痛苦增加十倍，并且痛苦到访得如此频繁，而欢笑却极为罕见。

罗伯特·尼科尔的一生又是另一幕悲剧。他通常要放一整个夏天的牛，才能攒够他冬天上学的学费。13 岁时，尼科尔在树林中阅读凯尼尔沃思（Kenilworth）的作品，18 岁时就开始写诗。由于对这些作品狂热的喜爱，尼科尔又开始认真研究弥尔顿（Milton）的散文，洛克（Locke）和边沁（Bentham）的著作。尼科尔还在帕斯的一家杂货店里当学徒，他将辛苦挣得的零钱攒起来，等到攒够两英镑时，为自己的母亲开了一家小店。尼科尔这一时期的经历，使他发现自己“写作整整一晚后所干的工作，要比那些纵情玩乐一晚的人干的还要多”。之后，他在敦提开了一家书店，但最后经营失败。随后，他又在利兹市一家报社当编辑，这份工作为他带来了此前不敢想象的荣誉和财富，每年能有一百英镑收入。然而，病魔却如此迅速地缠上了他，年仅 24 岁，他便倒在了他母亲的怀中，而他的母亲在收割季节拼命工作，只为能攒够路费来到他的身边。

这五本书中的最后一位作家，是苏格兰女作家珍妮特·汉密尔顿，也是《诗歌与歌谣》（*Poems and Ballads*）的作者。珍妮特是鞋匠的女儿，早年便嫁与她父亲的学徒为妻，与丈夫一共育有十个孩子。虽然她很小就开始写诗，在17岁到19岁间已经写了20多首韵律诗，但直到她54岁时写作才步入正轨。她结婚之后，读书的时间只能从睡觉的时间中挤了，而一天中的大部分时间她都保持着一个动作：一只手拿着书，另一只手还要抱着婴儿。

这些故事都展示了坚韧不屈的灵魂与恶劣的外部环境的不懈抗争，而这就是这五本真实朴素的作品教会我的。谁能肯定地说一本书的价值仅仅体现在它的内容上呢?

看完了以上五本书，接下来就是莱克星顿的《回忆录》（Lackington's *Memoirs*）和弥尔顿的《复乐园》（*Paradise Regained*）。莱克星顿的《回忆录》是一本小八开的书，1830年由惠特克出版。这本书比较常见，在每个旧书店都能买到。而它的价值则在于书中第204页到208页中有据说是约翰·卫斯理（John Wesley）的信，一封是写给他建立的宗教教派，另一封则是写给他爱上的一位年轻女子。在信中，他给那位女子作诗一首袒露心迹：

> 与你谈话，使我忘记了
>
> 时间与季节的变迁。

第 204 页到 208 页的页边空白处还写满了注释，其中还有一位当时很受欢迎的卫理公会教派主席姓名的首字母。

而弥尔顿的这本书，是《复乐园》的第四版，“这首长达四卷本的叙事长诗，其中还包含了长诗《力士参孙》（*Agonistes*），以及另一些在其他时间和地点完成的诗歌。作者约翰·弥尔顿，伦敦，雅各布·唐森出版社，格雷旅馆旁的小巷，1705 年。”这本书精美而整洁，其中还有一张罕见的作者头像插画。而使它成为珍品的则是利·亨特在扉页上的签名。

我欣然认为就是这本书陪伴亨特度过了他的监狱岁月，因为他曾说过那段时光并非完全与光明和诗歌隔绝。亨特将自己的牢房改造成了迷人的书房，他的描述也让人感到非常熟悉：

我给墙壁贴上格子玫瑰的墙纸，将天花板绘上蓝天白云，给监狱的窗户挂上威尼斯百叶窗。等我将书架搭起来之后，用他们给的半身塑像、鲜花和钢琴将我的房间装饰一番。也许在海的那一边再也没有比我的房间更温馨的地方了。有陌生人敲门，我总会高兴地转头望去，看着他走进房间。从自治市传来的消息让我非常惊喜，我戏剧般地从监狱的通道走了出去。查尔斯·兰姆说，只有在童话里才能找到我这样的牢房。

为了弥尔顿的这部作品，我愿意出十八便士。

THE PLEASURES OF A BOOKWORM

天才与评论家

对一位喜欢深思的读者来说，细细品味现代评论文章是一种巨大的乐趣。这种趣味性还可以进一步增加，这就需要你去思考那些评论家是根据什么样的标准来批评别人的文章的。回忆一些人不合时宜的努力所造成的灾难性影响，还会让你感觉哭笑不得。

评论家们的评判标准是如何产生的呢？时势造英雄。天才们个性强烈，因而注重自己的灵魂，以及自己与身边男男女女的关系。人们钦佩天才所做的一切，以及其做事的方式。假设天才的灵魂所发出的耀眼光芒，评论家能够仔细辨别，而且不会看错，这足以让评论家的虚荣心得到满足。这一切都与天才有关，甚至是与天才展示的方式有关。随后，评论家们再将这些显而易见的天才特质注入自己思维模型中，将其变成一系列完整的规则，再用这些规则去评论文章。他们将自己视为国王和审判者，让那些文章一句一句地在自己傲慢的眼皮底下被检阅。

另一个声音出现了，另一个天才也就诞生了，但评论家们却往往还搞不清状况。这个声音，没有遵循其前辈们的路径和规矩。在努力理解这个新声音的过程中，评论家卷入了无知与困惑的大网。评论家认为想要走出这个困境，唯一办法只有否认这个神圣的声音，而且他们做起这件事来毫不内疚。甜美多汁的梨子能让人的味蕾得到满足，而愚蠢的人却看不起葡萄和西瓜，就因为它们与梨不同。当一种新植物被交到植物学家手中去进行实验，植物学家在林奈（Linnaeus）[1]的植物分类中没有找到这种植物，并且查阅了科、目和亚门，还是找不到它属于哪一门类。

身处黑暗时期，想要在托勒密的地理体系中找到所有现代的地点，这种做法是多么徒劳又可笑！一座城镇、一处山丘、一条河流，如果没有出现在那个地质学家过时的图表中，

---

[1] 卡尔·冯·林奈（Carl von Linnaeus，1707—1778），瑞典生物学家。动植物双名命名法的创立者，界、门、纲、目、属、种的物种分类法的首创者。著有《植物种志》（*Species Plantarum*）、《植物属志》（*Genera Plantarum*）、《自然系统》（*Systema Naturae*）等。

人们都不能确定它们是否真实存在。而距此不太遥远的另一时期，那时的专家们则认为，土星和天王星不可能拥有从望远镜里看到的那么多卫星，因为人们不可能同意二级行星的卫星数量比一级行星的多。

在支配万物的“永恒法则”掩护下，评论家在如今时代说了多少废话。在我们看来，似乎评论家们提出了一项协定，据此他们剪裁制作了一件外套，用以评价诗人。如果这件外套对一位诗人来说刚好合身，那么他就能获得认可，而不是相反。屈莱顿（Dryden）恰好合身，蒲伯（Pope）、拜伦、斯科特以及其他一大批诗人都得到了认可。偶尔有人会给威严的审查员制造点小麻烦，但评论家们一般都会设法让那些人安分。最终，一名奇怪的诗人出现了。他那强大而生猛的天赋将其他经典作品全都拨到了一边：

> 他不能张开
>
> 嘴，从那里流溢出比喻来。

这位诗人的存在，令世界上充满温暖而生动的创造。到了春季，嫩绿的枝芽摇摆着长大。箭矢颤抖着飞离弯弓，以风驰电掣般的速度划破周围的空气。“这不可能。”评论家说，“哪里会有这样整齐的花园，这般流畅有序。我们让他试试那件外套吧。”所以评论家将诗人扭了过来，又将外套强行套在他身上，但那外套确实不适合诗人。

有人建议将外套撑开，就像女士戴手套要撑开一样。对于这个提议，评论家开始担心这件外套缝合得是否牢固，经不起伸展。还有人提出了一个权宜之策——取出衣服的内衬，但建议者还是因此而被笑话。最终，经历了反复的提议和推翻提议后，评论家放弃了，因为没有一个提议是可行的。那位诗人可能会成为什么样子，评论家们无法肯定，于是只好依照惯例放了他。我们都听说过丑小鸭的故事，它遭受歧视和嘲笑，还被不怀好意地利用，而最后丑小鸭变成了白天鹅。

我的这番言论，已经被多年之后评论家对沃尔特·惠特曼（Walt Whitman）的评论所证实。评论家很赞赏惠特曼的倔强坚韧，将其与蒲伯的平滑流畅、赫门子夫人（Mrs. Hemans）的哀婉动人、伯恩斯（Burns）的完美抒情、摩尔（Moore）过度的甜蜜与幻想相提并论。评论家们聚集在惠特曼的诗作周围，像一群景观园丁站在山脚下，脑袋凑在一起讨论着，如果没有这处突出的石块，或没有那个不和谐的山峰，这座山会更好看。评论家以为自己是能创造世界的造物主，他们坚信自己能创造出比这座山更美的山。或许他们已经将每一粒谷物都做成了沙子的模样，或者把云朵不整齐的边都裁掉。谁能说清呢？人类的虚荣早已被看清，正如卡莱尔所说，就像一根分叉的萝卜，头部奇形怪状。

然而，若仅仅是考虑到这些细节，站在作者的立场上，我们不支持明目张胆蔑视文学作品所有的限制形式。对既定规则的藐视，并不一定是天才的特征。如果那些规则给予个人足够的发挥空间，那么那些限制就不一定要被破除。对我们来说如果老房子不是太狭小的话，我们没必要再“建更豪华的别墅”。

但在我们最具特色的文学作品中，风格和实质可否分离，还是说风格是实质的自然结果？蒲伯说：

音可以表意。

而且在我们的文学作品中，有很多例子能够证明这种音美如何带来完美的结果。我们很难想象《衬衫之歌》（*Song of the Shirt*）和《乌鸦》（*The Raven*）以其他形式展现会是什么样的效果，在其如今的形式中，声音完美地表达了其含义。

任何一部作品想要成为传世经典，都必须具备原创性，而且是作者某些特殊经历的产物。诗歌最早是我们祖先跳原始舞蹈时吟唱所作，而且很明显满足了他们有限的需求。大诗人摩尔那些最优美流畅的诗歌都是他在斯宾波顿自家小屋后的草坪上散步时想到的。查尔斯·兰姆曾说过，弥尔顿的“天堂”闻起来有烛火的味道。

我们没有什么特别的理由来反对绘画室中热闹拥挤的氛围，或是反对那些伤感的诗歌，这些伤感诗歌会让情窦初开的少女和含情脉脉的文艺青年偷偷哭泣。虽然有的诗歌十分粗糙，但我们一定要宽容，在多数情况下懂得欣赏与赞美诗歌，它会跟着音乐一起摇摆，大踏步穿过清晨微风吹拂的肥沃土地，并且轻松地爬上远处那座崎岖的小山。

批评一部作品，就相当于站在评论家的角度说话，仿佛他自己要比作者的层次更高，看得更远，对这个主题的理解懂得更多。这无疑解释了为何评论期刊中有那么多无用的抱怨性的评论。评论家们害怕被人们认为低作者一等，所以会有节制地发表一些赞赏的言论，而无节制地发表诽谤的言论。评论家通常认为自己是人体结构学教授，但很难适应他们的工作是对着解剖的人狂吼的同时还要提出自己对人体应该何如构成的看法。

一位美国诗人写道：

我的一位朋友曾花费了大量时间来批判一位作家严谨周全的作品……之后他向我展示了他所写的评论，他认为能写出这种毫无知识水平的作品，作者肯定对这个主题一无所知。

在这个吹毛求疵的时代，我们渴望更多的英雄崇拜，对天才更高的敬仰，以及对个人价值更加公正细微的欣赏，而不是相信那些人想让我们相信的事。他们想让我们相信每个人几乎没什么不同；相信那些上帝在世的日子已经一去不复返；相信天才的眼泪只是他们为自己的怪癖开脱的借口，以及相信人类不是自由降生的个体，每个人都有权利享受比批判的哲学家梦想中更高的法则——人就是“被棍子敲打着赶去市场的火鸡”。

如果天才的作品偶尔特立独行会怎么样呢？那么我们对他的偏见会比其最初出现时更加强烈。思想上的每一个新转折，科学上每一个非凡的新发现，宗教信仰上每一个更深刻的领悟，都会被视为“异端”。在某些时期，还会用到比“异端”更残酷的词语。

哎，这种事情太常见了，我们的体制管理者通常都是阻碍制造者。普鲁塔克说，西塞罗（Cicero）年轻时曾去德尔福的神谕处请求神谕，神谕建议他让自己成为天才，做自己命运的引导者，而不要听他人的观点。所有独创的新思想一旦出现立刻就会遭到反对，这似乎已经成为新思想的宿命。

林奈（Linnaeus）的植物学系统理论曾一度被视为笑柄，被所有斯德哥尔摩派的人耻笑。哥白尼（Copernicus）非常害怕世人对他的作品《天体运行论》（*The Revolutions of the Heavenly Bodies*）会持有偏见，因而将这部作品在他的衣柜里整整藏了三十年。开普勒（Kepler）发表他关于彗星的第一部理性著作时，甚至被学者谴责为白日梦。培根在世时一直被误解，直到他去世后很久，一些英国作家才冒险将他视为权威作家。孟德斯鸠（Montesquieu）将《论法的精神》（*Esprit des Loix*）拿给他的朋友看，他认为这位朋友是法国最公正的评判人，却没想到受到了最令他无地自容的评价。

——迪斯雷利《文学的特性》

（D'Israeli's *Literary Character*）

如果莎士比亚过于重视评论者的意见，那么我们可能就无法阅读到他那些奇异的、风格多样的作品，这些作品如今被视为文学界的珍宝。一位外国著名作家批评这些作品，问："他难道不够强大，不能遵循自己的想法吗？"随后又像爱尔兰人一样回答了自己的问题："他就是这样。莎士比亚的诗歌为最不合理的创造性想象找到了出口；鄙视普遍逻辑，从出发点创造出新的事物；它将现实与理想用新的方式加以结合，显然是荒谬且不合法的；它的出现打开了梦想之门，而这梦想欺骗我们将它当作事实。"

约书亚·雷诺兹爵士（Sir Joshua Reynolds）在他一部经

典作品《绘画讲稿》（*Discourses on Painting*）中也非常支持这种观点，即天才应坚持自己的原则。他说："非凡人物，也是被称为天才的人，其行事原则是坚定不移的。这种优秀的品质很难用语言形容，但它们仍能被感觉到，它们存在于艺术家的心中。"

如果威廉·布莱克（William Blake）没有依照他自己的道路写作，而是走一条蛮荒而陌生的道路，那么他独特的个性就会被抹杀，斯温伯恩（Swinburne）精妙的作品也不可能见之于世。如果维尔茨（Wiertz）没有遵照他的原则，那么如今的维尔茨画廊——布鲁塞尔最珍奇的画廊之一——将无人问津。尽管音乐家瓦格纳（Wagner）前进道路上每一步都有人坚决反对，但如果他没有以超越常人的能力和信念坚持他的道路，那么很可能没人会知道他的名字，音乐界也会失去瓦格纳那些令其无数粉丝尖叫的优秀作品。

我们为这些事情而兴奋欢呼，证明我们已经做好了迎接批评的准备。前不久，一家新创办的月刊发行的样刊中，创办者宣称他们的宗旨是"评论家最优秀也是最困难的任务，是发现作品的优点而不是缺点"，并且还保证"我们只会赞赏使人愉快的作品，我们不会仅仅为了投机取巧就冒不公正评判的危险”。另一家杂志也公开宣称“不公、腐败、残酷、虚伪、傲慢、势利、欺骗”都是他们的敌人。我们认为这至少是一种有希望的迹象，因为一些高级评论杂志已经规定其批评的言论要经过作家们的签字许可。目前为止，数不清的“暗箭”都是在“匿名编辑”的掩护下出现的。对于工作之余无休止地搜寻批评对象的人来说，我们以尊敬的态度建议他们想方设法立即找出这样一位匿名的文学编辑，这样才能让我们决定到底是惩罚他的身体还是拯救他的灵魂。

谁是第一位作家？而谁又是第一位评论家？爱默生用达尔文（Darwin）的显微镜将人们观察了一番之后说：“人们为他梳理毛发，减掉他锋利的指甲，砍断他的尾巴，送他去上学，再让他交税，之后他才能开始写下他悲剧的故事。”我们一直对爱默生的智慧津津乐道，而在我方才引用的那句话中，更加印证了他的智慧。难道爱默生不是在交完税后立即写悲剧作品吗？受到大众欢迎的秘诀就是唤起大众对一些普遍经历的共鸣，当然因为有这种说一句就能吸引大众注意力的税收问题，爱默生已经令自己不会被大众遗忘。

兰姆说过对蜡烛的渴望证明了古时诗歌的严肃性。“蜡烛的光线昏暗，从先前那些没有灯的夜晚衍生而出，欢笑也随着蜡烛而生。这就是我们特殊又平凡的星球。我们的祖先度过了多少野蛮而残酷的日子，在山洞里过冬，尽管那里没有火光照亮，漆黑一片。他们在山洞里一定是互相抱在一起取暖，相互抱怨着。当你想要微笑时，你要用什么样奇妙的话语才能让同伴们理解你的微笑？”

毫无疑问，那些日子里一定充斥着晦涩难懂的抱怨，我们能想象出一切：一些令人厌恶的老家伙也许吃了一顿饕餮晚餐，流着鼻涕，呆呆傻傻地窝在没有烛光、伸手不见五指却又温暖的山洞里。随后，这一群人中某个思想活跃的年轻人想出了一个笑话，将笑话讲给黑暗中的人听。年轻人对自己的笑话是否能让他人发笑感到焦虑，他四肢着地，爬过来摸那些人的脸，最后摸到了正在打盹的老吃货。老吃货被吵醒了，坐起身愤怒地喊道：“你干吗乱摸我的脸！”

年轻人温和地回答：“我只是想看看我的笑话有没有达到效果，真的！”

听到一句如此轻柔的话后，被吵醒的老吃货又进入了梦乡。年轻人则陷入了沉默，他下定决心在有蜡烛的未来来临之前，再也不会冒险讲笑话了。

我们坦率地承认，在天才与评论家周围还存在着许多没有解决以及不能解决的问题。例如，天才们从时代汲取的东西再回馈给时代，需要多久？在天才的一生中，痛苦和挣扎对他的影响有多大？富有创造性的天才觉醒之后，用谦逊的方式学习知识，批评的声音还会跟随他多久？用什么样特别的批评才能为天才们指出一条安全而坚实的前进道路？

然而，有一点是显而易见的：在一定情况下，批评言论定是过时又保守的，并且要谨慎地尝试驾驭那匹长着翅膀的骏马；而不是去追根究底，一直追问他为什么不能被驯服。只有天才的声音尽管自然却粗鲁狂怒时，批评才会起到作用。人类生活在大自然之中，崇拜领导者的能力，崇拜英雄们的勇敢和力量，并以夸张的热情为他们大唱赞歌，这完全不适合种种文明高雅的做派。

评论必须与时俱进，必须有一副宽阔的胸怀，富有同情心。评论必须从乔叟所处的自由时代，从乔叟的《坎特伯雷故事集》（*Canterbury*）吸取教训；必须从斯宾塞（Spenser）的思想和寓言中吸取教训；学习莎士比亚，学习他复兴古典文学，学习他诚实阐述从宗教改革中体悟到的思想的自由与丰富；学习《旁观者》（*Spectator*）中散文家们的时代特征，那时人们将精致高雅视为时尚，将丧失激情视为死亡和遗忘；学习黑兹利特，他讲述了法国大革命对世界造成的变化。如果评论家们好好吸取教训，在我们这个迄今为止精致高雅依然无人所知的时代，评论家将会发现公平政治的批评原则只可能是他将对过去的看法与对当下真实的需求，和对文学工作者的同情，以及他们预见将来的视野进行嫁接后的产物。

“真正的评论家必须不仅是博学的学者，还要像圣贤一般道德高尚，还要如女人一般敏感多情，之后他可能就像米诺斯一样精确了。”真正的评论家也许还需要另一项特质，我们将它归为一种更加实际而深奥的感受性。无论天才出现在哪里，评论家都要以极度敏锐的目光去发现。而天才有时出现在十分遥远的地方，普通大众目所不及，被外界事物所掩盖。一个人可能同时既是普通人又是天才，因为能使他变得或平凡或伟大的灵感，像疾病一样来了又走。

这是一阵恶风，不会给任何人带来益处。坎特伯雷的一位牧师所写的一首古诗《愚人之镜》（*The Mirror of Fools*），让我们了解到一位蠢人的故事：在巴黎学习的布鲁内斯，接连不停地在多家修道院做牧师，但对每一家修道院都不满意。当他的师父要将他送回原先的修道院时，他又想换地方了。

如果评论家们绝不满足于引导只会浅薄地模仿，并制造出单调乏味“垃圾”的作者回归到踏实的工作中，也就是说，回去耕地或去当木匠做椅子，评论家就能获得来自大众的衷心赞美。蠢驴只能是蠢驴，在文学界中也不需要这种长耳朵的蠢驴。

THE PLEASURES OF A BOOKWORM

在空闲时光追求文学

历史上最黑暗无望的一页，就是书写着文学家生平的那一页。唉，悲剧太多了。其中一种情况正如：文学家的灵魂已被某些卓越的思想影响而升华，这种卓越的思想也丰富了他人的想法，而身体却赤裸着无可遮蔽，渴望着营养和关心。

西班牙不朽的天才塞万提斯（Cervantes），被我们认为想要面包（物质）。卡蒙斯（Camoens）是葡萄牙独一无二的骄傲，被剥夺了所有的生活必需品，在里斯本的一家医院中与世长辞。这些听起来像是古希腊神话中的普罗米修斯，将伟大的火种盗取给人类，自己却无法从枷锁中挣脱出来，一直被禁锢在赛西亚的沙漠中。

来自富有的赞助商的侮辱，对作者们来说并不是最小的麻烦。柯勒律治在为《守夜人》（*Watchman*）寻找赞助人时，有个人曾提醒过他。在有那么多人需要慈善救助的情况下，柯勒律治曾向这个人提供一年十二先令的大笔补助。对比，我们不会惊讶，查尔斯·兰姆会以如此激烈的言语给他的朋友——贵格会的诗人伯纳德·巴顿（Bernard Barton）写信。因为在写作的问题上，巴顿放弃了自己的梦想，转而选择解决现实温饱问题。

兰姆写道：

不要从陡峭的塔尔皮亚岩石上跳下来，你的头会猛烈地撞在尖锐的岩石上。我知道很多作者都想要温饱，他们抱怨不满，觉得自己宁愿做裁缝或织工，也不要做现在的自己。我知道有些人忍受饥饿，有些人变得疯狂，我的一个好朋友还“死在了车间里”。你并不知道这些，希望你永远都不知道，不知道作者为维持生计而遭遇的悲惨境遇！

沃尔特·斯科特在给一位笔友的建议中，对以上那封信做出了回应：

无论你在文学创作中获得了多少乐趣，都要提防着不要将它当成一种职业。如果你曾为了从事文学创作而试图寻求万无一失的必要支持，无论你自己是否能够感觉到，你的身价肯定会因此而降低，另外还要承受写作收入不确定带来的痛苦。

凯尔特人就认为，从事文学的职业是邪恶的，就像水晶侏儒或海马怪的灵魂是邪恶的一样。海马怪看起来像马，引诱那些警惕性弱的误闯者自愿骑到它们背上。随后，海马怪会载着背上的人直冲入云霄，在河流与山川间翱翔，然后蓦地消失在空气和云雾里，让背上的人从空中猛地跌落。

如今，我们没有权利去探询文学生活的苦难有多么长久，因为我们的缺点与希罗多德（Herodotus）所说的缺点十分相似，而这些缺点对一些色雷斯人来说就是折磨。色雷斯人认为懒散是绅士们的标志，而追根究底反而是最可耻的。除了考虑到这一点之外，一些在文学领域对荣誉和成就有野心的人来说，以上的画面并不是令他们开心的事。上帝知道一定会有很多像如今这样的时代，充满了不可理喻的荒谬之事，认为笔杆子的力量、文学的荣耀，以及耍笔杆子的人要比战士高人一等。但尽管如前文所述，你仍然能够从中获得些许安慰和鼓励。在这样的环境与压力之下，那些以写作为生、不得不写作的人，应该记住成熟的文学家一定是尽可能痛苦又邪恶的，就如同殉道者一般。然而大量以写作为生的人，将会更乐于跟随在开垦者之后，在开拓比赛中赢得荣誉。

在有关金钱问题的持续干扰和焦虑之下，即使是有能力创作的人，也不可能创造出最优秀的作品。对作家来说，最大的有利条件莫过于不会强迫为出版商提供太多可写的事情，也不用写满每一张纸，更重要的是，不用花钱。汤姆·摩尔如果没有他的管家的话就不可能工作。我们也怀疑如果朗曼没有以最简单的形式给摩尔公开提议的话，《拉拉罗克》(*Lalla Rookh*）是否能创作完成。朗曼只是规定摩尔要交给他们一首与《罗克比》（*Rokeby*）一样长的诗歌，这样摩尔就能得到3000 英镑的稿费。而这时，摩尔还能从他的歌曲集版权得到每年 500 英镑的版权费。从某方面来说，诗人不能以诗意喂养自己真是遗憾。“只要他能得到雾霭、清晨的薄雾，触手可及的那片最浓密的云朵，用月光当作佐料”，这就是诗意的喂养。

“文学依赖文化而存在的，而不仅仅是奉献时间和精力就能获得的，宁可说是聪慧诚恳的人们对世俗利益的追求中所攫取的时间。”首先，我们应从研究工业分支来获得独立，这一点对大多数人而言触手可及。其次，追求文学的过程中也可以既愉快又充满荣誉感。当文学变成生命中唯一追求的事业，那么它就变成了一项苦役；而我们某些时候诉诸文学时，它又变得异常迷人。

鲁斯金（Ruskin）说过：“只有劳动才能让思想健康，只有通过思考，劳动才能快乐。若要强行将二者隔离，必会受到惩罚。”当结束了一天的忧虑和劳作，我们再审视文学时，便会认为它是种令人享受的工作，我们不得不承认，从事文学要比其他职业更胜一筹。文学能将一个人完全带离他自己以及他所处的世界，让他忘记自己身在何处，让他产生真实的改变，这就是最放松的休息方式。

“一个人生活在纯粹物质的世界里，只能在夜深人静时歌唱，他一定十分有勇气。”银行家罗杰斯曾经对斯塔尔夫人（Madame de Stael）说：“我永远不会忘记（从银行）回家时的快乐，因为我往往在夜晚读书、写作。”那些往往会因为这严酷的世界和残酷的现实生活而哀声痛哭，抱怨现实世界为何与理想中的幸福国度有天壤之别，对自己心怀羞愧的人，只能称为“新手诗人”。

在寒冷的冬夜中，可以坐在温暖舒适的炉火旁，全身心投入到自己喜欢的作家的作品中。我再也想不出比这更令人感到幸福欢喜的事了。在这样的天气里，奥西恩（Ossian）一定能在我们周围施展魔法，窗外呼啸的狂风摇晃窗扉，发出“咯咯”的声响，与奥西恩的诗歌一同组成不可思议的合唱；或在某个夏日夜晚，懒洋洋地躺在山间潺潺溪水之畔，让头顶松树间飘扬而过的风声，与热爱乡村的作家发自灵魂的美妙音乐相互交融。

怀着此种心情，汤姆生（Thomson）的作品《四季》（*Seasons*）就成为一本名副其实的实用手册，帮助我们了解大自然的秘密。梭罗（Thoreau）与他的瓦尔登小屋在这种情境下也是适宜思考之地。夕阳西落，光影渐渐爬上远处的山峦，并在地平线上延伸出一条无边无际的紫金色的绸带，让心灵与大自然锦瑟齐鸣的想法简直就是无价之宝。或偶尔可以走出我们和谐的世界，走到一望无际的田野中沉思，没有希望的星光为我们闪耀。若是星辰偷偷地露出了它们的眼睛，那也是装点夜空的平凡之物，就如同装点毛毯的镀锡大头钉，似乎所有大自然的声音都杂乱刺耳。一些伟大而严肃的想法，很久以前从一些作家脑海中诞生，被一些看不见的力量灌输入我们疲惫的大脑，扩散在空气中，渗入我们的生活。天空在天堂的前端，星辰如火焰一般闪耀。一个美丽又庄严的启示将我们环绕，现在和将来的一切都环绕在希望的金色桂冠之上。

然而，我们必须要警告读者，关于外出追寻文学的危险。传说古埃及某年遇到大旱之年，尼罗河水未达到往日的高度，又恰逢饥荒。有一位名叫艾布·贾法尔（Abu Jaafar）的诗人坐在尼罗河畔，以他自己的艺术眼光审视一篇诗歌。有人路过看到了他，但不明白他在做什么，便认为是他在故意施展魔咒阻止尼罗河水上涨，于是将他推进了河里。他找不到自救的方法，如果能想到，就一定会将诗歌抛之脑后。在某人落水时才将他视为诗人，这个想法是多么可笑。大自然很乐意揭开我们的伪装，让我们认清自己真实的水平。如果我们非要逞强，大自然一定会捏着我们的鼻子，或扇我们耳光，嘲问我们（当然是用温和的语气）：“你写的诗歌在哪儿呢？”

精美的书架就像是最珍贵的宝藏，我要让书架占满我房间的每一个角落。毕竟，书并不仅仅是一叠被封皮固定在一起、印刷着文字的纸。无论是过世的还是在世的作家，他们打动了文学爱好者们的心灵，也触动了伟大人物的灵魂。他们真诚地等待着将人生中最美好的时光奉献给需要他们的人。

“通过文学的大门，我们迎来了各个年龄段的伟人们。所有参透英语字母之间神秘关系的人，都不需要再去追求与普罗大众之间的友谊。他们有荷马、柏拉图、莎士比亚和弥尔顿做他们的朋友——这些朋友能够让他们吐露心声，诉说渴望与满足，诉说他们最迫切的希望与最黑暗的恐惧。这些朋友也不会强迫你维持与他们的友谊，只有在你需要时，他们才会哓哓置喙。”

老医生谢里丹（Sheridan）曾经写信给他的朋友迪安·斯威夫特（Dean Swift），之后又去伦敦拜访他：

当你和领主、公爵交谈，

我有比他们更好的东西，就是我的书：

我舒适地窝在扶手椅中，

随自己的喜好挑选书。

我宁愿只有一个书架，

除你之外要比其他朋友都多，

毕竟能够这样说，

我们最熟悉的人就是死神。

爱默生在给哈佛大学学生的一封致辞中说：“柏拉图们不仅是我们所说的那些神圣作家，还是我们所说的异教徒。这些伟大的思想家们比其他人更有精力和能力来控制我们的思想。我认为你所遇见的每一个杰出人物都能证明，思想开明的人更多是在书中找到灵感，而不是在他们的朋友中。”

阅读是让自己每日进步的必不可少的方法，每个人都必须阅读。在美好与完美的幻想之下，思想和理智很容易被击垮。我们都倾向于用最常见的事物来满足自己，每个人都应该在自己心中培养出能感知常见事物的能力。

“最后，”歌德说，“人们每天至少应该听一首小曲，读一首好诗，欣赏一幅美丽的画作，如果可能的话，尽量说几句有道理的话。”小普林尼（Pliny）肯定地说他从来没有读过这么烂的书，但也从中学到了一些东西。

在费力地读书上花费太多时间没太多必要，每个勤思好问的人都能在伟大的文学作品中收获到足够的知识。一周中每个夜晚都坐在暖洋洋的炉火边，阅读《荷马史诗》（*Homer's Epis*）的英译版本（最好是优秀的诗歌译本），《伊利亚特》（*Iliad*）的魅力就能呈现在我们面前。以同样的方式，我们也能让其他伟大的作家说出充满智慧的话语。完成这项工作只需要对求知的渴望，以及有能力说“我一定会了解”。

会有这样的时期，我们脆弱得只能拿起笔，在一张干净的大页纸上，胡乱写下一些不可思议的想法，并完全毁了这张纸。这样的做法会让我们在某一瞬间产生希望和幸福。在这种自欺欺人的狂喜下，我们不停地写啊写，一直到整张纸写满，或钢笔写干；直到松动的砖块从烟囱上掉下来；直到猫咪溜进屋子，夕阳下在陶器间翩翩起舞；直到以上任何一件事发生，都足以暂时动摇你追求文学的决心。如果我们在理智状态下写出来的文字了无生气，或者我们将文章给亲密的朋友们看，却未能获得他们的支持，但那如洪水一般的灵感所带来的追求文学的决心，在最严密的保护之下，让我们仍能记得那份孤独的满足和舒适：所有伟大的文学作品在与这种舒适感作斗争时的胜算都令人担忧，而且在特殊情况下——

虽然韵律不齐，

破烂又恶心，

被暴雨侵袭，

腐蚀生锈，

如果你将它带走，

那里还会留有一些蛋糕。

这数不清的快乐都是通过自欺欺人得来的，如果我们完全自由该是多么可悲，所有的答案都在伯恩斯的请愿书里：

我们的能力是天赋赐予我们的，

让我们用他人的眼光来审视自己。

毕竟，如果我们是清醒的，就应该厌恶地将那些手稿都丢进火里，让写作的后果永远跟随着我们。我们一直在为未来的智慧积蓄力量，这智慧中可能有不断增加的知识和提高的艺术鉴赏力，以及学过的和没学过的知识，这样也许会有我们想要的效果。这个世界没有遗忘任何东西，也许对即将进入文学领域的作者来说，起初不断碰壁并非一件坏事。

文学在你苦难之时是一个真正的朋友，一个在你需要时能及时出现的朋友。“就像常年缠绕在橡树上的常春藤，它的枝叶与橡树紧紧缠绕，与橡树一起沐浴在阳光之下。而当坚硬的橡树被雷电劈到，常春藤会卷曲它柔软的藤蔓抚慰橡树的伤口，捆牢橡树破碎的树枝，所以人们将它们美化为‘文学’。文学不仅仅是一个人在其快乐日子里的佐料，当在灾难突然降临时，就成为他的依靠和安慰。文学柔软地缠绕上他的心头，温柔地撑起他垂下的头，抚慰着他受伤的心。”

柯勒律治的话也能够证明这一点：

在常年的痛苦与疾病的重压之下，诗歌对我来说就是最好的回馈。它抚慰了我的痛苦，为我带来快乐和享受。诗歌让我养成了一个好习惯，令我去发现我身边所有事物的美。

如果你拥有让自己完全沉浸于幻想世界中的能力，那么你就能省去许多顾影自怜的时间，也不必为本就能克服的困难而忧心。